청소년을 위한 철학 에세이

청소년을 위한 철학 에세이

philosophy

청소년을 위한
철학 에세이

강영계 지음

건국대 철학과 명예교수

해냄

청소년은 아직 오리도 아니고 닭도 아니므로 무모하다. 청소년은 한창 자라나고 있으며 완성된 모습은 갖추고 있지 않다고 할지라도 무한한 가능성을 믿고 돌진하기 때문에 무모하다. 그것은 아직 사회의 때가 묻지 않고 따라서 그만큼 순수하다는 것을 뜻하기도 한다.

청소년은 육체와 정신의 성숙을 위해 몸부림치므로 아직 닭도 아니고 오리도 아니다. 그러므로 청소년은 자신의 확실한 모습을 찾기 위해 온갖 정열을 쏟는가 하면 그와는 정반대로 깊은 번민에 잠겨 불확실한 자기를 끝없이 학대하기도 한다.

그러나 한 가지 확실한 것은 청소년이야말로 가정과 사회와 나라의 기둥이라는 사실이다. 청소년이 지닌 무한한 가능성 한 가지만 놓고 보더라도 청소년 시절이 얼마나 소중한지를 능히 짐작할 수 있다.

어떤 한 민족의 역사는 어떤 한 인간의 역사와 너무나 유사한 점들을 많이 가진다. 과거의 전통과 역사를 바탕 삼아 현재 한 민족의 문화와 문명이 성립한다. 인간에게 있어서도 마찬가지이다. 젊은 시절이 어떠했는가에 따라서 한 인간의 오늘이 결정된다.

우리는 지금까지 허겁지겁 먹고 사는 데에만 너무 급급했다. 따라서 우리 사회는 어린아이와 청소년 그리고 노인들을 충분히 돌볼 만한 여유가 없었다. 이제 우리는 여러 선진국의 뒤를 바짝 쫓아가면서 올림픽과 축구 월드컵을 개최할 정도의 여유를 가지게 되었고 곳곳에서 서서히 일어나고 있는 민주화의 신선한 물결을 직접 체험했다.

한 포기 풀도 인내심을 가지고 정성껏 돌볼 때 비로소 꽃을 피운다. 젊음도 마찬가지이다. 어른은 물론이고 청소년 자신이 스스로 인내심을 가지고 젊음을 소중히 가꿀 때 젊음은 비로소 성숙할 수 있는 것이다.

마음껏 울고 소리 지르고 웃고 생각하고 사랑해 보자. 그러나 인내심을 잃지 말자. 세상은 그렇게 괴로운 것만도 그렇다고 그렇게 즐거운 것만도 아니다. 자기의 운명을 사랑하는 자만이 그 운명을 극복할 지격을 가진다. 내 운명을 사랑하며 순간순간 운명의 단계를 하나씩 극복할 때 청소년은 성숙의 쾌감을 만끽할 수 있을 것이다.

필자는 닭도 아니고 오리도 아닌 청소년들을 위해 여기 작은 선물을 마련했다. 청소년이 지닌 무수한 물음은 청소년 자신의 노력 그리고 세월의 흐름과 함께 해결되겠지만, 그런 물음에 이 책이 손톱만큼의 도움이 될 수 있었으면 하는 바람이다. 왜냐하면 이 책은 청소년 자신의 모습을 비롯해 참다움, 아름다움 그리고 착함과 신앙 등 몇 가지 기본적인 물음을 청소년과 함께 질문하며 답하려고 하기 때문이다.

청소년 자신의 모습, 참다움, 착함 및 아름다움과 종교 등에 관해 필자는 가장 기본적이라고 생각되는 것들을 가능한 체계적으로 제시함으로써 청소년이 이들 문제를 자기 것으로 생각하고 함께 길을 걸어갈 수 있기를 바란다.

함께 길을 가다 보노라면 우리가 가는 길 이외에도 다른 길들이 보일 것이고 닭도 아니고 오리도 아닌 어정쩡한 청소년의 모습이 점차로 정리될 것으로 생각된다.

25년이 넘는 세월 동안 『청소년을 위한 철학 에세이』를 소중하게 보듬어 준 독자들에게 필자의 내면에서 우러나오는 진한 공감을 선물한다. 이 책을 새롭게 편집하고 여러 군데 껄끄러운 표현을 가다듬음과 동시에 불필요한 부분들을 삭제하고 오자(誤字)들을 바로 잡아서 다시 세상에 내어 놓는다.

철학을 전공하고 동시에 청소년 문제에 깊은 관심을 가지고 이 책이 나올 때까지 산파 역할을 한 해냄출판사 사장 송영석 님, 그리고 원고 교정에 직접 수고하면서 직접 간접으로 많은 충고를 해 준 건국대학교 부속고등학교 교장 이군천 선생님을 비롯해서 해냄 편집진 여러분께 감사드린다.

2013년 3월

지은이

인간 존재에 대한 고민

인간이란 무엇인가

인간은 말하는 존재이다

본능과 이성의 싸움

3장

젊음이라는 축복

젊은 날의 고뇌와 번민

사랑은 달콤한가

우정과 진학

4장

철학에 대한 성찰

철학에 대한 편견

철학이란 무엇인가

아름다움에 관하여

종교란 무엇인가

1장

청소년을 위한 가치 정립

청소년은 누구인가

청춘은 아름다워라

꿈 많은 사춘기

세상의 모든 고민을 홀로 짊어지고

등잔 밑이 어둡다

한밤의 음악편지

젊음은 싱싱한 꽃과도 같다. 그러기에 젊음은 화려하고 자랑스럽다. 그러나 젊음은 숱하게 많은 비바람을 이겨 내고 탐스런 열매를 맺어야 할 꽃이기에 그만큼 고뇌도 많다.

굳은 땅에 비 고인다는 말이 있다. 몸과 마음이 부쩍 부쩍 성장하는 청소년 시절을 잘 다져놓을 때 비로소 한 인간의 삶은 보람을 찾을 수 있을 것이다.

청소년 시절은 인생에서 가장 즐거운 시기이면서도 또한 가장 불안한 시기이다. 청소년들은 원대한 희망에 부풀어 있으면서도 곧잘 밑바닥이 보이지 않는 절망의 구렁텅이로 곤두박질한다.

  태석이는 이제 중학생이 되자, 스스로 초등학교 때와는 다른 사람이 되기로 굳게 결심했다. 만화나 텔레비전을 멀리하고, 어머니 심부름도 거역하지 않으며, 초등학교 때 소홀히 했던 학교 공부에 매달리기로 했다. 그러나 친구들의 유혹 때문에 태석이는 자주 고민하지 않으면 안 되었다.

  "태석아, 넌 벌써부터 입시 준비해? 사람이란 즐길 줄도 알아야지. 오늘 오후에 문방구 옆에 있는 오락실로 와. 딱 두 게임만 하자."

  "태석아, 너 골샌님이냐? 오늘 저녁에 우리는 슬기의 생일잔치에 초대받았어. 너한테 슬기를 소개해 줄 테니까 같이 가자."

  "태석아, 우리끼리만의 비밀이니까 아무한테도 알리지 말고 너만 알고 있어. 오늘 밤 명한이 부모님이 시골에 가신대. 명한이네 가면 신나는 SF 영화를 볼 수 있으니까 오늘 밤에 꼭 와라."

  태석이는 이럴 수도 저럴 수도 없어서 머리에 제대로 들어오지도 않는 영어 책이나 수학 책을 뒤적거리게 된다. 다음 날 친구들을 만나면 친구들은 언제나 그랬던 것처럼 태석이를 놀려댄다.

  "야, 넌 공부도 못하고 놀 줄도 모르는 바보냐? 어젯밤에 우리가 얼마나 재미있게 놀았는지 모르지?"

  "태석아, 너 도대체 남자냐 여자냐? 여자애들하고도 어울리지 못하고 그렇다고 남자답게 우리하고도 놀길 못하니 . 밤낮 혼자서 뭘 하는 거야?"

  친구들이 놀리면 속에서 화가 치밀지만 힘도 세지 못한 태석이인지라 싸움도 할 수 없고 그렇다고 아무 대꾸도 못하면 자존심이 허락하지 않아서 태석이는 친구들을 노려보면서 제자리로 가서 앉아 버리고 만다.

　태석이는 아버지처럼 의사가 되려는 꿈도 가져 보고, 옆집 길수 아버지처럼 변호사가 되려는 꿈도 가져 보며 어머니의 말씀에 따라서 아직은 장래 희망을 정하지 않고 앞으로 차차 결정해 볼까 하고도 생각해 본다. 그러나 태석이는 마음을 정하지 못하고 시시때때로 흔들리는 자신이 밉다.

　'나는 왜 이럴까? 나도 한눈팔지 않고 책벌레처럼 공부하면 커서 의사가 될 수 있을까? 아니야. 난 책벌레는 싫어. 아님, 운동을 할까? 하

지만 몸이 약하니 운동선수도 되기 힘들 거야. 그러면 뭘 하지?'

청소년 시기는 질풍 노도(疾風怒濤)˙의 시기이다. 젊음은 마치 용광로와 같아서 그 안에서는 온갖 것들이 뒤섞여서 들끓는다.

콜버그˙라는 심리학자는 인간의 도덕 발달을 다음처럼 여섯 단계로 나누었다.

첫째, 고통과 처벌을 면하려고 규율에 복종하는 단계

둘째, 보상과 보답을 얻기 위해 행동하는 단계

셋째, 다른 사람으로부터 인정 받기 위해 착하게 행동하는 단계

넷째, 부모나 선생님이나 하느님 등의 권위를 존중하고 사회질서를 유지하려고 행동하는 단계

다섯째, 법과 의무를 중요시하고 다른 사람의 권리를 인정하는 단계

여섯째, 자기 자신의 양심에 따라서 행동하는 단계

청소년기는 거의 사춘기˙에 해당하며 이 시기에는 위에서 본 사항 중 셋째, 넷째, 다섯째 단계가 속한다고 볼 수 있다. 이것들은 모두 좋은 면에서 본 것이지만 반대현상이 나타날 수도 있다.

다른 사람에게서 인정 받으려고 착한 행동을 했지만 인정 받지 못한다면 오히려 악한 행동을 하는 경향도 있다. 부모나 선생님을 존경하지만 그분들이 지나치다고 생각되면 심하게 반항할 수도 있다. 또한 양심에 따라서 행동하려고 해도 그런 행동이 사람들에 의해 쓸모없는 것으로 여겨진다면 쉽사리 양심을 던져 버리고 멋대로 행동할 수 있다.

어쨌든 청소년 시절은 삶이 다져지는 시기이다. 어떻게 생각하고, 어떻게 말하고, 어떻게 행동할지를 청소년기에 힘들여 가다듬지 않는다면, 그런 사람은 어른이 되어서도 보람찬 삶을 이끌어 나가기 어렵다.

꽃이 아름다운 것은 거센 비바람을 이길 만큼 알차기 때문이며 훌륭한 열매를 맺을 만큼 힘차기 때문이다. 젊음 역시 알차고 힘차기에 비록 허다한 고통과 고뇌로 몸부림치더라도 우리는 '청춘은 아름다워라'라고 말할 수 있는 것이다.

질풍 노도
'강한 바람과 성난 파도'라는 뜻. 청소년기의 격동적인 감정을 표현하는 말로 사용된다.

콜버그(1927~1987)
미국의 심리학자로, 장 피아제의 인지 발달 이론에 영향을 받아 도덕성 발달에 대한 이론을 제시하였다.

사춘기
신체의 성장으로 성적 기능이 활발해지고, 2차 성징이 나타나며 생식 기능이 완성되기 시작하는 시기

꿈 많은 사춘기

희완이는 중학교 2학년이 된 후부터 자기 자신이 몹시 이상하다고 생각하기 시작했다. 책상에 앉아도 학교에서 돌아오던 길에 마주쳤던 여학생의 산뜻한 모습이 자꾸 눈이 아른거리기만 했다. 아버지와의 대화는 물론이요, 식구들과 마주 앉아 이야기하는 것이 어색하게만 여겨졌다.

"희완아, 니도 이제 고밑수염도 나기 시작하고 목소리도 걸걸해졌으니까 남자답게 놀아야 한다."

아버지의 말씀에 누나도 거들면서 희완이를 놀려대는 것이었다.

"맞아요. 희완이 빨리 장가보내야겠어요. 희완아, 너 색싯감 있니? 없으면 누나가 여우 같은 색싯감 하나 소개해 줄까?"

"모두 괜히 왜 나만 갖고 그래요? 아빠도 누나도 젊었을 때는 다 같은 과정을 거치지 않았어요?"

희완이는 멋쩍어서 퉁명스레 한마디 내뱉고는 자기 방으로 들어와 라디오를 커다랗게 틀어놓았다. 조용히 앉아 있자니 몸이 뒤틀리고 거리라도 마구 뛰어다니자니 우스꽝스럽고 도대체 어떻게 해야 좋을지 알 수 없었다.

'남들은 운동이나 공부라도 잘하는데 난 이게 뭐야! 영석이나 태용이는 벌써 여자아이들을 사귄다는데, 난 밤낮 골방에서 생각만 하고 마음만 굴뚝같으니……. 위선자일까? 별 이렇다 할 취미나 특기도 없으니 커서 뭐가 될까? 회사원? 싫어, 고리타분해. 군인? 아냐, 나처럼 멋대로 사는 인간에겐 적합하지 않을 거야. 과학자? 공부를 잘해야 연구를 하지. 내일 또 시험인데 이렇게 공부가 안 되니……. 아, 도대체 뭘 어떻게 해야 하는 걸까?'

사춘기는 보통 열한 살부터 시작해 열여덟 살까지 계속된다. 사춘기에 뚜렷하게 나타나는 신체의 특징으로는 여자에게 있어서 월경을, 그리고 남자에게 있어서는 정자의 산출을 말할 수 있다. 사춘기에 접어들면 소년은 1년에 키가 5센티미터가량 그리고 소녀는 4센티미터가량 쑥쑥 자란다. 소년은 수염자국이 거뭇거뭇해지고 목소리가 쉰 것처럼 굵어지면서 남성다워지고 소녀는 가슴과 엉덩이가 성숙하게 되어 여성다워지기 시작한다.

보통 소녀들은 1년 내지 2년 정도 소년들보다 사춘기를 빨리 맞이한다. 그러나 사람마다 차이가 있어서 사춘기를 남보다 일찍 경험하는 소년, 소녀 들이 있다.

구슬이는 중학교 1학년 여학생이다. 구슬이는 어렸을 때부터 비교적 엄한 가정에서 자라났다. 할아버지나 아버지께서 막내인 구슬이를 몹시 귀여워하셨지만 그분들은 언제나 '책임감 있는 사람'을 가훈(家訓)으로 삼고 구슬이에게 기회가 있을 때마다 가훈을 강조했다.

"우리 구슬이가 벌써 어른 같구나. 겉모습만 어른 같아서는 안 되는 거야. 집안에서 할아버지, 아버지, 엄마, 오빠 모두 각자 할 일이 있는 거 잘 알지? 분명히 네게도 할 일이 있을 테니, 네 일은 이제 네가 책임지렴."

할아버지는 구슬이에게 책임질 줄 아는 사람이 권리를 주장할 수 있다고 귀에 못이 박이도록 말씀하시는 것이었다. 아버지는 할아버지보다 부드럽게 말씀하셨지만 내용은 똑같은 것이었다.

"구슬아, 네 방이 요새 정리가 잘 안 되어 있더라. 숙녀는 늘 깨끗하고 청순해야지. 물론 네 취향도 있고 한창나이이니까 아직은 하고 싶은 대로 할 수는 있지만, 나는 네가 훌륭한 열매를 맺기 바란다."

구슬이는 다른 여학생보다 조숙한 편이다. 그러기에 할아버지나 아버지가 같은 어른 대접을 하고 함께 대화할 수 있는 것이다.

일반적으로 사춘기를 빨리 맞이한다는 것은 그만큼 한 인간으로 빨리 성숙해진다는 것을 뜻한다. '매도 먼저 맞는 것이 낫다'는 말이 있다. 사춘기에 독서를 많이 하고 음악과 미술 그리고 종교를 가까이 접하면서 좋아하는 운동을 열심히 하고 친구들과 토론 및 대화하는 습관을 기른다면, 그와 같은 사춘기는 앞으로 성인시기를 위한 튼튼한 밑거름이 된다.

여러 가지를 미리 깊이 경험하는 것은 앞으로 자신을 정리하며 사회에 적응하는 데 커다란 힘이 된다. 독서를 하고 음악과 미술에 친근하며 종교를 접하면 한 인간은 정신적으로 성숙해 나와 남의 관계를 조화롭게 유지할 것이다.

적당한 운동은 신체발달을 촉진시킴으로써 사춘기를 빨리 맞이할 수 있는 힘이 될 것이다.

사춘기는 고독한 시기이다. 사춘기는 용광로와 같이 젊음이 들끓는다. 사춘기는 깊고 깊은 절망감을 체험한다. 그러나 사춘기는 한 인간이 성인으로 성장하기 위한 예비단계이다. 알찬 사춘기를 보내지 못한 청소년은 건강한 성인이 될 수 없고 또한 그런 성인들이 구성하는 사회 역시 안정된 사회가 될 수 없다.

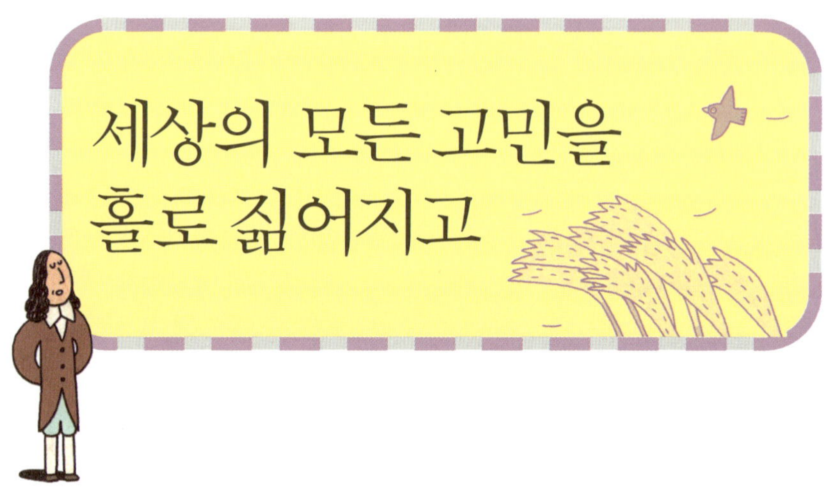

고등학교 2학년 정도의 나이가 되면 사춘기를 거의 벗어나서 청년기에 접어들 때이다.

기형이는 학교 성적도 우수하고 건강도 남들에게 뒤지지 않지만 고등학교 2학년으로 진학한 후부터는 세상의 모든 고민을 홀로 짊어지고 살아가는 사람처럼 우울한 눈으로 세상을 바라보게 되었다. 어느 날 담임선생님에게 불려 간 기형이는 담임선생님으로부터 여러 가지 이야기를 들었다.

"기형아, 요사이 안절부절못하는 것 같은데 무엇 때문인지 이야기해 줄 수 있니?"

"저도 잘 모르겠어요, 선생님. 산다는 게 무의미한 것 같아요."

"그래도 남들을 보렴. 고등학교 2학년이면 곧 대학 입시인데, 열심히 준비하지 않으면 네 꿈을 이루지 못하지 않겠어?"

"왜 잠도 제대로 못 자고, 하고 싶은 것도 제대로 못하면서 별 소용도 없는 것을 되풀이해서 달달 외워야 하는지 도저히 이해가 안 갑니다. 대학은 꼭 가야 합니까? 대학에 못 가면 인간으로서 패배자가 되는 겁니까?"

"기형아, 네 말도 틀린 건 아니야. 그러나 사람은 혼자 사는 게 아니라 사회를 이루고 함께 살고 있다는 걸 명심해야지. 남들은 왜 저토록 자기들 일에 골몰하는지 생각해 본 적이 있니? 다른 사람들이 그렇게 살아가는 이유가 있지 않겠어?"

"저도 다른 사람들을 인정합니다. 그렇지만 각자 자기 삶을 살아가는 거라고 생각해요. 그러니까 저는 다른 사람과는 다르게 살 자유와 권리가 있습니다. 오로지 대학을 가기 위해서 매일같이 밤샘을 하는 건 헛된 일이 아닐까요?"

"이것 봐, 기형아, 네 앞날을 생각해야지. 그리고 부모님을 실망시켜 드리지 않아야 해. 또 기형이처럼 우수한 학생이 학교의 기대를 실망시켜서도 안 되지. 무엇보다도 앞으로 대학 입시를 위해 전력투구하기를 바란다."

"선생님, 죄송하지만 제 자신을 스스로 정리할 때까지 시간을 좀 더 주세요. 저는 제가 누구인지 그리고 인간이란 무엇인지 도무지 모르겠습니다."

기형이는 담임선생님과의 대화에서도 역시 큰 실망을 느낄 수밖에 없었다.

'어른들이란 다 똑같은가 보다. 그저 남들처럼 열심히 살아가라는 형식적인 말을 언제나 되뇐단 말이야. 배부른 돼지보다 배고픈 소크라테스가 되겠다는 말은 무슨 뜻일까? 그건 적어도 가치 있는 삶, 후회를 덜하는 삶을 살겠다는 말이 아닐까? 아, 과연 나도 피나는 노력을 해서 일류 대학에 입학해야만 성공한 인생을 맛볼 수 있는 건가? 배우지 못한 사람들이 오히려 순박하게 살고, 훨씬 더 많이 배운 사람들이 잘 먹고 잘살면서 악한 짓을 더 저지르지 않나?'

이렇게 생각에 생각이 꼬리를 물다 보면 기형이는 현기증을 느끼고 자기가 누구이며 무엇을 어떻게 해야 할지 갈피를 잡을 수 없었다.

청소년은 한편으로 자기중심적으로 생각하므로 독단적인 경향을 가진다. 또 한편으로는 그와는 정반대로 자신이 누구이고 무엇인지를 전혀 알 수 없어서 갈팡질팡한다.

청소년은 자기중심적으로 생각하기에 부모와 스승에게 당돌하게 반항하며, 야심에 불타고 오를 수 없는 환상의 꿈을 키운다. 그러나 청소년은 자신의 정체를 알지 못하기에 하루아침에 꿈을 부수어 버리며 가정을 박차고 뛰쳐나가 거리를 방황하고 한숨과 눈물로 밤을 지새우며, 삶의 무의미에 절망해 자살하려는 충동에 휩싸인다. 극단적인 경우 청소년은 가치관을 깡그리 망각하고 성폭행과 같은 범죄를 저지를 수 있다. 대부분의 성폭행범인들의 청소년기는 말 그대로 암울한 것이었을 것이다.

어린아이들은 자연적인 환경 안에서 부모의 행동을 흉내 내면서 성장한다. 어린아이들은 힘센 어른들로부터 칭찬을 듣고 인정 받기 위해 어른들을 모방한다. 한편, 어른들은 겉으로는 사회질서에 따르는 것 같으면서도 속으로는 자기들의 결단에 따라서 행동한다. 그러나 청소년은 어떤가?

청소년은 이미 성인의 문턱에 한 발짝 가까이 다가갔기 때문에 남들이 인정하며 사회도 인정하지만, 아직 어린아이의 흔적이 남아 있어서 자연적인 욕구나 충동에 따라서 행동하려고 한다. 청소년은 자기를 유일한 인간으로 믿으면서도 자신이 누구인지를 모른다. 그러므로 청소년은 고민하지 않을 수 없다.

청소년은 세상의 모든 고민을 홀로 짊어지고 고달픈 길을 걸어간다. 청소년은 자기중심적인 생각에 빠져있으므로 이 세상의 모든 고민은 사람들 각자가 조금씩 나누어 짊어진다는 것을 알지 못하고 자기만이 모든 짐을 짊어진다고 생각해 무거운 짐에 깔려 허덕이며 몸부림친다.

'우물 안 개구리'라는 말이 있다. 세상의 고민은 각자가 짊어지고 있으므로 우리가 조금만 눈을 크게 뜨면 괴로운 마음을 서로 이해할 수 있으며 또한 조금씩 남의 짐과 나의 짐을 덜 수 있다. '우물 안 개구리'가 우물을 뛰쳐나와 넓은 연못을 마음껏 헤엄칠 때 개구리는 비로소 자유를 만끽할 수 있을 것이다.

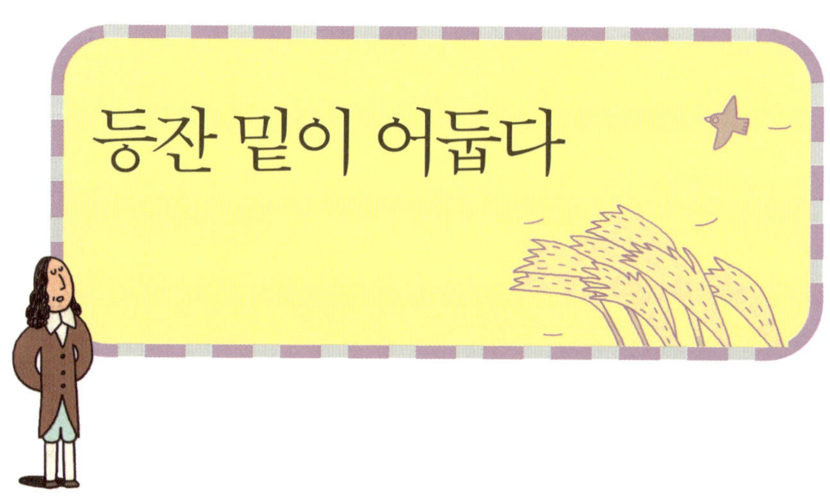

사춘기의 소년, 소녀는 자기중심적이면서도 자기가 누구이며 무엇인지를 모르기 때문에 언제 폭발할지 모르는 폭탄과 같은 상태의 시기를 꽤 오래 지니지 않으면 안 된다.

'등잔 밑이 어둡다'라는 말이 있는데 이 말은 우리 인간 모두에게 해당되며 특히 청소년기의 소년, 소녀 들에게 해당된다.

용선이와 내길이가 치고받고 심하게 싸운 것도 결국 '등잔 밑이 어둡다'라는 말이 가리키는 일 이외의 다른 것이 아니었다.

"내길아, 어제 오후에 너희 아버지가 학교에 오셨더라."

"그래서 뭐? 학부모가 학교에 볼일이 있어서 올 수도 있지, 그게 뭐 어떻다는 거야?"

"너네 부모님이 학교에 뻔질나게 드나드는 거, 남들이 보기에도 치사하단 거 몰라? 너희 아버지는 사장님이니까 그냥 오시진 않았을 거 아냐?"

"너, 계속해서 그런 식으로 떠들면 가만 두지 않겠어. 아버지도 없는 놈이. 포장마차나 하는 홀어머니 밑에 사는 주제에 뭐라고 왈가왈부하는 거야? 꾀죄죄해 갖고 밤낮 남 험담이나 하는 놈이……."

용선이와 내길이는 숨을 씩씩거리며 서로 노려보았다.

"내길이 너, 말 한번 잘했다. 뭐, 어쩌고 어째? 우리 엄마가 포장마차 하고 싶어서 하나? 돼지 같은 너희 아버지 같은 사람이 혼자 다 차지하니까 우리 같은 사람은 포장마차라도 해야 하는 거야. 네 꼴이나 잘 봐. 꼭 새끼 돼지처럼 배는 뿔룩 튀어나온 게, 아주 보기 좋구나."

"너 말 다했어? 우리 아버지는 피땀 나게 노력해서 성공한 분이야. 가난으로 마음이 찌들어 버리니, 사람 볼 줄도 모르냐?"

용선이와 내길이는 더 이상 입 싸움으로 버티지 못하고 와락 덮쳐 죽자 사자 치고받으면서 한참을 싸우다가 기운이 빠졌는지 서로 욕설을 하며 헤어지고 말았다.

콜버그라는 심리학자는 인간의 도덕적인 성격이 관습 이전의 수준, 관습의 수준, 관습을 벗어난 수준으로 발달한다고 보았다. 그리고 각 수준에는 두 단계씩 발달관계가 있다고 보았다.

갓난아이들은 판단능력도 없고 따라서 가치관도 없다. 그러나 한 살부터 일곱 살까지는 첫째 발달단계와 둘째 발달단계를 거친다. 첫째 단계에서 어린아이들은 처벌을 피하고 권위나 힘에 순종하는데 아직 사람과 물건의 가치를 분명하게 구분하지 못한다. 둘째 단계에서 아이들은 이기적이면서 욕망을 채우는 것이 자신이나 남에게 가치 있다고 여긴다.

사춘기에 접어든 소년, 소녀는 주로 셋째 및 넷째 발단단계를 거친다. 셋째 단계에서 소년, 소녀 들은 남이 싫어하거나 욕하는 것을 피하려고 하며 식구들이나 남들과 조화롭게 어울리는 것이 행복하다고 판단한다. 넷째 단계에서 청소년은 사회의 규범을 지키며 또한 도덕적 질서 및 종교적 권위가 인생에서 가치 있는 것이라고 믿는다.

상당수의 청소년은 다섯째 발달단계를 거치지만 그렇지 못한 사람도 많다. 다섯째 단계는 이미 성인의 단계로서 사회복지를 이룩하려고 노력하며 인간의 평등이 가치 있다고 믿는다.

여섯째 및 일곱째 발달단계를 우리는 쉽사리 생각할 수 있어도 실제로 이 단계를 체험하는 사람은 많지 않다.

여섯째 단계에서 인간은 자기 개인의 양심을 가지며 각 개인을 나 자신과 똑같이 존중하는 것이 가장 가치 있다고 믿는다.

일곱째 단계에서 인간은 자기의 자아[*](나)와 세계(우주)가 하나로 통일되는 것을 가장 가치 있다고 생각한다.

지금까지 콜버그가 말한 인간의 가치관의 발달단계를 살펴보았다. 사실 일곱째 단계에 도달한 사람은 그리 많지 않다. 예수*나 공자* 또는 석가모니*와 같은 사람들이 그런 단계에 도달한 사람들이라고 할까.

청소년은 자기중심적이면서도 이기적이고, 동시에 자기가 누구인지를 정확히 알지는 못하기에 남에 대해서도 잘 모른다. '등잔 밑이 어두운' 시기가 청소년 시기이다. 청소년 시절에 등잔 밑을 밝히기를 게을리 한다면 일생 동안 어두운 인생을 보낼 우려가 있다.

소년, 소녀 들은 불타는 생명의 힘을 가지고 있다. 자신의 강한 생명의 힘을 깨닫고 등잔 밑을 밝히려고 노력한다면, 점차로 자신과 남을 환히 바라보는 안목을 가지게 될 것이다.

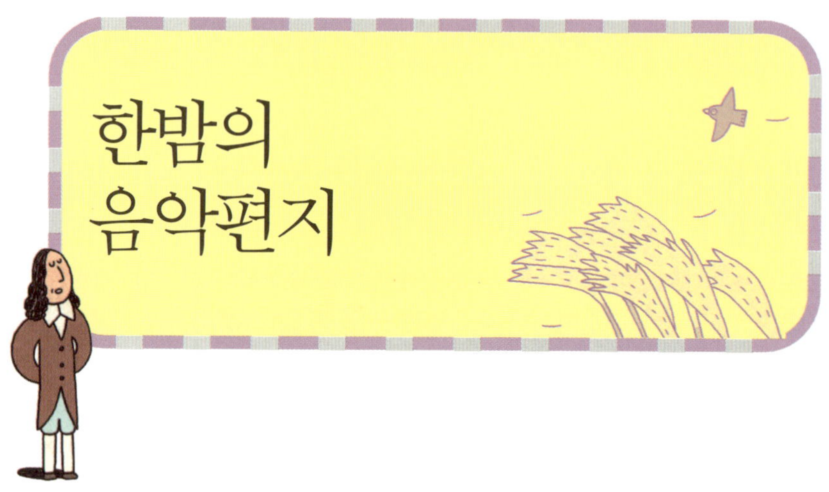

젊은 시절의 단짝들은 생각만 해도 가슴 뿌듯한 기억을 가져다준다. 티 없는 젊음, 꿈과 소망이 가득 수놓인 시절. 그래서 동서고금을 막론하고 '청춘은 아름답다'는 말만 들어도 남녀노소는 너 나 할 것 없이 가슴이 두근거리는 것이다.

영숙이와 성희와 신숙이는 중학교 2학년 같은 반에 다니면서 삼총사라는 별명을 들을 정도로 떨어질 줄 몰랐다.

셋은 옷도 가방도 신발도 똑같은 색깔을 택했고 분식집이나 PC방에도 똘똘 뭉쳐 다녔다. 영숙이는 다소 이기적이면서 깔끔을 떨어서 새침떼기라는 별명이 붙었고, 선숙이는 말이나 행동이 시원시원해서 덜렁이라는 별명을 가졌고, 성희는 껑충하게 키가 커서 키다리라는 별명을 가지고 있었다.

어느 날 새침떼기와 덜렁이와 키다리가 학교 수업이 끝난 후 교문을 앞서거니 뒤서거니 나오면서 까르르까르르 재잘대었다.

"덜렁아, 키다리야, 내 말 좀 들어 봐. 어제 분식집에서 우리 맞은편에 앉았던 눈 크고 이마에 여드름 난 남학생 있잖아……."

새침떼기가 말하다 말고 까르르 웃으면서 발을 잽싸게 놀리자 덜렁이와 키다리는 궁금해서 못 참겠다는 듯이 새침떼기를 바싹 따라갔다.

"너, 우리 모르는 비밀 있지? 만일 너 비밀 있으면 키다리와 내가 가만히 있지 않을 거야. 털어봐. 지금 털어놓으면 당장 내가 쫄면 살게."

"글쎄, 쫄면 갖고 될까? 그 남학생이 덜렁이 너하고 키다리 너 때문에 잠을 제대로 못 잔다던가? 어때? 이거 빅 뉴스 아냐?"

이번에는 키다리가 새침떼기를 쥐어박으면서 낮은 목소리로 말했다.

"야, 애들이 그 남학생을 얼마나 좋아하는지 알기나 해? 걔, 얼마나 시원시원하게 생겼는지……. 아, 목소리는 또 얼마나 우렁차다고. 어? 혹시 새침이 너, 그 남학생이 사실은 너한테 프러포즈한 거 아냐? 덜렁아, 어떻게 생각해? 내 말 맞지? 새침아, 우리 사이에 숨길 게 뭐 있나? 얼른 살짝 털어놔 봐."

"음……. 있잖아……, 솔직히 말하면, 어제 걔가 나한테 스마트폰으로 문자 메시지를 보냈지 뭐야."

덜렁이가 급한 성질에 새침이에게 바짝 붙으면서 다그쳤다.

"널 좋아한대? 그 메시지 좀 보면 안 돼? 안 보여 주면 소문내 버린다. 도대체 뭐라고 보냈어, 응?"

"저기……, 걔 이름은 용범이래. 그리고 우리 학교 바로 옆에 있는 응담고등학교 1학년이래. 다음 주 수요일 밤에 라디오를 틀어 보라는 거야. 글쎄, 내 생일을 어떻게 알았는지 생일 축하 메시지를 보냈다는 거야."

소년, 소녀 시절은 마치 꿈이 흐르는 강물과도 같으며 낭만이 무수히 반짝이는 밤하늘과도 같다.

소년, 소녀 들은 쥘 베른♦의 『해저 이만 리』를 읽으며 신비에 가득 찬 깊은 바다를 항해하며, 김소월♦의 「초혼」을 읽으며 진하디진한 사랑으로 뛰는 가슴을 억누르지 못한다.

영숙이는 꿈과 낭만이 출렁이는 젊음의 배를 타고 어디론지도 모르고 망망대해를 달려가고 있었다.

용범이의 문자를 받은 날부터 영숙이는 아무것도 손에 잡히지 않았고 수요일을 기다리는 것이 지루하기만 했다.

'나도 답장을 보낼까? 안 돼. 정숙하지 못하게 남학생이 불쑥 보낸 메시지에 답장을 보내다니? 우연히 또 만나게 되면 윙크나 해 줄까? 아니, 그것도 안 되지. 어쩌기 먼저 그러다니   . 그럼 이떻게 하지? 정숙이를 통해서 그 남학생에 대해 알아볼까? 나한테 무슨 마음으로 메시지를 보냈을까? 눈매며 목소리가 시원시원한 그 애. 한번 사귀어 볼까? 취미가 뭘까? 음악? 아니면, 스포츠? 음악이면 좋겠는데……'

영숙이의 상상은 끝이 없었다. 구름을 타고 날아가고 또 날아가는 것이었다.

청소년 시절은 그리움의 시절이다. 청소년 시절은 열매 맺기 이전의 꽃과 같으므로 진리를 그리워하고 친구를 그리워하고 먼 미래를 그리워하며 사랑을 그리워한다.

청소년 시절은 아직 익지 않은 풋향기 나는 열매와 같으므로 무르익기를 갈망하는 시절이다. 한밤의 음악편지는 바로 그리움의 편지이며 갈망의 편지이다. 하기야 편지라는 것이 모두 그리움의 편지가 아니겠는가!

메시지가 없는 세상을 상상해 보자. 그런 세상은 마치 인간에게서 그리움을 송두리째 빼앗아 가 버린 세상과 다르지 않을 것이다.

한밤의 음악편지를 실은 멜로디 앞에 얼마나 많은 소년, 소녀 들이 어두운 밤하늘을 밝게 수놓으면서 젊음을 불사르고 있을까?

그리움을 차곡차곡 정성스레 정리할 줄 아는 젊은이들만이 알찬 어른의 열매를 거둬들일 수 있을 것이다.

① 청소년 시절은 인생에서 가장 즐거운 시기이면서 또한 가장 불안한 시기이다. 왜 그런지 자기의 경험을 돌이켜 보고 구체적인 사례로 설명해 보자.

② 대략 몇 살부터 몇 살까지를 사춘기라고 부르는가? 사춘기에 나타나는 소년과 소녀의 각각 다른 신체적 특징을 말해 보자.

③ 사춘기에 나타나는 정신적 특징에는 어떤 것이 있는지 알아 보자.

④ '배부른 돼지보다 배고픈 소크라테스가 되겠다'는 말은 무엇을 뜻하는지 토론해 보자.

⑤ 콜버그라는 심리학자는 인간의 도덕적 성격이 관습 이전의 수준, 관습의 수준 그리고 관습을 벗어난 수준으로 발달한다고 보았다. 각각의 수준은 구체적으로 어떤 것인지 살펴보자.

⑥ 콜버그의 이론에 의하면 자신의 수준은 어떤 것에 해당하는지 생각해 보자.

❼ 친구나 스승님께 메시지를 보낸 일이 있는지 돌이켜 보자. 내가 보낸 메시지와 남이 나에게 보낸 메시지를 비교해, 어떻게 하면 메시지를 요령 있게 작성할 수 있는지 생각해 보자.

 아는 것이 힘이다

학문의 세계에서 가장 근본이 되는 문제는 앎의 문제이다. 학문은 '무엇을 어떻게 아는가?'라는 물음을 던지고 그에 대한 답을 구하려고 한다. 그러나 '무엇을 어떻게 아는가?'라는 물음에 앞서 밝혀져야 할 물음은 '나는 무엇인가?'라는 물음이다. 왜냐하면 '무엇을 어떻게' 아는 사람은 다름 아닌 나(자아)이기 때문이다.

다음의 대화를 살펴보자.

"현빈아, 내 손에 있는 게 뭔지 알아?"
"아이스크림이지 뭐니?"

“아이스크림이라는 걸 어떻게 아는 거지?”

“어떻게 알다니? 그야 눈으로 봐서 아는 거지.”

“그러면 장님은 이게 아이스크림이라는 걸 모르겠네.”

“웬 궤변*이야? 장님도 만져 보거나 맛보면 알 수 있겠지.”

“한 살 먹은 아기는 이게 아이스크림이라는 걸 알까?”

“밀도 인 때.”

“한 살 먹은 아기도 손으로 만지고 맛볼 수 있는데, 어째서 이게 아
이스크림이라는 걸 모를까?”

“글쎄……. 생각을 못하기 때문이겠지.”

“그래. 그 정도면 됐어. 그런데 이걸 아이스크림이라고 아는 사람은

누구지?"

"그야 말하나 마나, 나지."

"너만 아는 거야? 나도 알지 않아?"

"그럼. 너도 알고 나도 알지."

"그렇다면 너와 나 우리는 각각 '나'를 갖고 있는 셈이네?"

"그렇지."

"현빈아, 우리의 '나'는 서로 다른 '나'인데도 똑같이 이걸 아이스크림으로 아는 이유가 뭘까? 도대체 나란 무엇이고 그것은 어떤 능력을 가지고 있기에 대상을 알 수 있을까?"

위의 대화를 통해 우리는 앎의 문제에 대해 중요한 몇 가지 암시를 발견한다. 주관과 객관, 앎의 한계, 앎의 과정, 타당한 앎 등이 바로 그 것이다.

우리는 앎의 문제를 다루는 데 있어서 심리적이며 물리적인 차원과 철학적 차원을 구분한다. 왜냐하면 철학에서는 앎의 문제를 어디까지나 필연성과 보편성의 입장에서 다루고, 심리적이며 물리적인 차원에서는 자연적인 앎의 과정만을 취급하기 때문이다.

자연적인 앎의 과정은 각 개인에 따라서 그리고 또 한 개인이 처한 특수한 상황에 따라서 천차만별일 수 있다. 그러나 철학적 차원에서의 앎은 보편성을 갖지 않으면 안 된다. 왜냐하면 철학은 기초 학문으로서 모든 다른

궤변

얼핏 들으면 옳은 것 같지만 실은 이치에 닿지 않는 말을 억지로 둘러대어 합리화하려는 허위적인 변론을 일컫는 말이다.

학문들의 성립 근거를 밝힐 뿐만 아니라 개별 학문들의 방향에 관한 의미와 가치를 제시해 주기 때문이다. 따라서 앎의 주체인 나(자아)의 성격이 확정되지 않으면 안 된다.

자아의 성격이 밝혀지지 않는다면 확실한 것은 아무것도 있을 수 없고 따라서 무한한 의심만 남게 된다. 그렇지만 자아의 성격을 '어떤 입장'에서 확정하느냐에 따라서 경험론*이나 합리론* 또는 직관론*의 태도가 따라 나온다.

우리는 행위와 믿음의 주체로서 그리고 아름다움과 추함을 판별하며 삶의 목적을 추구하는 주인으로서 또한 대상을 아는 주관으로서 자아를 전제삼지 않을 수 없다.

만일 자아가 없다면 나는 '나'이면서도 '나'가 아닐 수 있고, 심지어 내가 무엇이고 누구인지조차 모르게 되어 모든 것이 뒤죽박죽이 될 것이다.

"나는 자아는 감각적이라고 생각해."

"그렇다면, 너는 수시로 변하는 걸 자아로 보는 거야?"

"그래, 네 말이 맞아."

"그것 참 이상하다. 네 말에 따르면 '나'라는 것은 수시로 변하니까 '나'라고 할 수 없을 것 같구나. 게다가 확실한 건 아무것도 없을 거고……."

사실 앎의 문제는 나(자아)가 무엇이냐에 따라서 결정될 수밖에 없다. 나를 결정하는 것이 만일 감각이라면, 이 경우의 앎은 이럴 수도 있고 저럴 수도 있으므로 상대적이다.

감각은 늘 변한다. 두 눈으로 보는 산과 한 눈만 뜨고 보는 산은 다르다. 이 경우 같은 산이라도 두 눈으로 보는 산이 있고 한 눈으로 보는 산이 있으므로 하나의 산은 두 개의 산이라는 궤변에 도달하게 된다. 그러므로 감각적인 앎, 곧 경험적인 앎은 필연성이 없다는 것을 알 수 있다. 그렇다고 해서 감각에 의한 앎이 모두 헛 것이라고 주장할 수는 없다. 왜냐하면 감각에 의한 앎은 꿈이나 착각처럼 공허한 것이 결코 아니기 때문이다.

사람들은 누구든지 청소년 시절에 한 번쯤은 극단적으로 모든 것을 의심한다. 비록 청춘의 정열이 용솟음친다고 할지라도, 현재는 해결 불가능한 모순 덩어리로 느껴지고 미래는 불확실하며 과거는 뒤죽박죽으로 어수선하기 일쑤이다.

대부분의 젊은이들은 이렇게 물으면서 깊고 깊은 고뇌의 늪에서 허우적거린다.

"도대체 무엇 때문에 공부를 하는가?"

"기술을 배우는 게 과연 인간답게 사는 것이란 말인가?"

"부모나 어른들은 어째서 자기들의 권위로 우리 젊은이들을 억압하려고만 하는 것인가?"

"나는 무엇이고 왜 이렇게 살아가지 않으면 안 되는가?"

"사랑하는 여자애한테 말도 제대로 걸지 못하는 나는 왜 이다지도 몸과 마음이 불안하고 불확실한 것일까?"

수많은 젊은이들은 삶 자체를 극단적으로 의심한다. 최악의 경우에는 허무주의*에까지 빠질 수 있으며, 정치적으로는 무정부주의*나 테러리즘*에 가담할 가능성도 가진다. '내가 아는 것은 무엇인가? 나는 무엇을 알 수 있는가? 나는 아무것도 알지 못하며 또한 어떤 것도 알 수 없다'는 결론에 이를 때 우리는 회의론자*(懷疑論者)의 대열에 끼게 된다.

모든 것을 극단적으로 의심하는 입장은 감각적 신체를 앎의 주체로 여긴다. 그러므로 각 개인의 앎은 오로지 개인에게 고유하기 때문에 공통되는 보편적 앎이란 있을 수 없다고 주장하게 된다.

허무주의
일반적으로 인정되어 온 생활상의 가치, 즉 이상이나 도덕, 규범, 문화, 생활 양식 등을 전적으로 부정하는 견해

무정부주의
제도화된 모든 정치 조직·권력·사회적 권위를 부정하는 사상 및 운동

테러리즘
정치적 목적을 달성하기 위해 직접적인 공포 수단을 이용하는 주의나 정책

회의론자
세계에 대하여 객관적으로 확실한 인식의 가능성을 의심하는 인식론을 가지고 있는 사람

"현빈아, 나는 나대로 그리고 너는 너대로 살아가는 거야. 그저 겉으로만 똑같이 생각하며 아는 척하는 거고 사실은 모두가 제각각이야. 이 사과를 놓고 보더라도 내가 보는 사과와 네가 보는 사과는 서로 다른 거야."

영숙이의 이 말은 확실히 궤변이다. 왜냐하면 한 개의 사과를 두 개의 사과라고 주장하는 것이기 때문이다. 이런 영숙이의 주장은 첫째로, 누구에게나 공통적인 요소로 인정되는 자아가 아니라 개별적인 개인을 앎의 주인으로 보며, 둘째로, 보편 필연적인 이성(또는 오성)이

아니라 감각을 주된 앎의 능력으로 보고, 셋째로, 앎은 개인에 따라서 다를 수밖에 없다는 결론을 포함한다.

이렇게 보면, 궤변은 모든 사람에게 보편적인 앎을 성립시키는 공통되는 자아를 인정하지 않는다고 말할 수 있다. 극단적인 한 궤변론자는 다음과 같이 주장했다.

아무것도 존재하지 않는다. 만일 어떤 것이 존재한다고 할지라도 인간은 그것을 알 수 없다. 만일 그것을 알 수 있다고 할지라고 그것을 남에게 전달할 수 없다.

감각을 앎의 유일한 근원으로 삼을 경우 우리는 사물을 분별할 능력을 잃게 되어 첫째로, 순간순간의 앎만이 진리이고 영원한 진리는 있을 수 없으며, 결국 둘째로, 우리는 아무것도 알 수 없다는 궤변에 빠져 극단적인 회의론자가 되고 만다.

만일 어떤 사람이 극단적인 의심에서 헤어날 줄 모르고 계속해서 회의론자로 남아 있는다면 그는 자기의 생각과 행동에서 혼란 이외에는 아무것도 찾을 수 없을 것이고 사회에 대해서도 역시 아무런 가치나 의미를 제공하지 못할 것이다. 그러나 그가 극단적인 의심에 머물지 않고, 극단적인 의심을 오로지 참다운 앎에 도달하기 위한 방편이니 과정으로 여긴다면 사정은 다르다.

직관에 의한 지식

우리는 무엇에 의해 사물을 참답게 알 수 있을까? 이런 물음에 대해, 인간에게는 사물을 직접 알 수 있는 직관능력이 있다고 하는 사람들이 있다. 이런 사람들은 감각의 성질(감성)이나 오성(분별력이나 이해력) 또는 이성은 단편적이며 불완전한 앎을 가져다주고 오로지 직관만이 참다운 앎을 성립시킨다고 주장한다.

"나는 어느 누구보다도 직관력이 뛰어난 것 같아. 새벽에 일어났을 때 뭔가 찜찜했는데, 아니나 다를까? 아침에 학교에 가려고 아파트 계단을 내려오다가 아차 하는 순간에 굴러서 왼쪽 발목을 삐었지 뭐야."

앞의 예에서 우리는 무엇을 알 수 있는가? '그냥 아는 능력' 또는 '환히 아는 힘'을 보통 직관 아니면 직관력이라고 부르는 경우가 있다.

과거 매우 유명한 어떤 동양 철학의 노(老) 대가가 가끔 이렇게 말하는 것을 들은 일이 있다.

"벽을 마주 보고 꼼짝 않고 며칠 동안 앉아 있으려니까 어느 순간 갑자기 세상만사의 이치가 환히 빛나는 것이었다."

사실 이런 종류의 직관은 근거 없는 것임이 분명하다. 어느 개인이 자기의 능력이 탁월하다는 것을 남들 앞에서 과시해 보려고 할 때, 자기는 남들이 갖지 않은 직관력을 가진 듯이 착각하는 경우가 많다. 이것은 일종의 개인적 미신*이다.

그런가 하면, 인간이 소유하는 가장 완전한 앎의 능력을 직관으로 보는 경향이 있다.

"감성이나 오성(이해력이나 분별력)은 사물을 부분적으로 그리고 피상적으로 파악할 뿐이야. 하지만 이성은 사물을 전체적으로 그리고 내면적으로 파악할 수 있어. 그러나 이성을 초월해서 사물을 완전하게 파악하는 앎의 능력이 있는데 그것이 곧 직관이야."

"현빈아, 너한테 그런 직관력이 있다는 거야, 아니면 그런 직관력이 있으면 좋겠다는 거야? 우리 인간에게 과연 완벽한 앎의 능력이

있을까? 나는 우리의 앎의 능력에는 일정한 한계가 있다고 생각해."

"영숙아, 네 말에도 일리가 있기는 하지만, 완전한 직관력이 있기 때문에 학문의 진리가 가능한 거야. 만일 앎의 능력에 한계가 있다면 우리는 진리를 말할 수 없을 거야."

이상의 대화를 놓고 볼 때 현빈이는 적어도 직관주의자이다. 성경이나 불경에서는 '봄'을 지식보다 높고 완전한 것으로 취급한다. 이런

‘봄’은 단순히 눈으로 보는 것이 아니다. 이런 ‘봄’은 사물에 대한 전체적이고 내면적인 앎이며 동시에 사물과 ‘하나됨(공감)’이다.

그러나 영숙이가 제기한 의심처럼 과연 모든 사람이 그런 직관력을 소유하는지 그리고 그와 같은 직관력이 유한한 우리 인간에게 가능한지 묻지 않을 수 없다.

파스칼*은 그의 저서 『팡세』*에서 인간을 일컬어 ‘생각하는 갈대’라고 말했다. 인간은 갈대처럼 하찮은 존재이다. 그러나 인간의 위대함, 인간다움은 생각할 줄 아는 것에서부터 비롯된다.

그렇지만 우리는 지식이 아니라 무지의 늪에 빠져 있다. 우리가 아는 것은 얼마 되지 않고, 우리가 모르는 것은 헤아릴 수 없이 많다. 어쩌면 우리의 지식은 바닷가의 한 알의 모래알보다 작을지도 모른다.

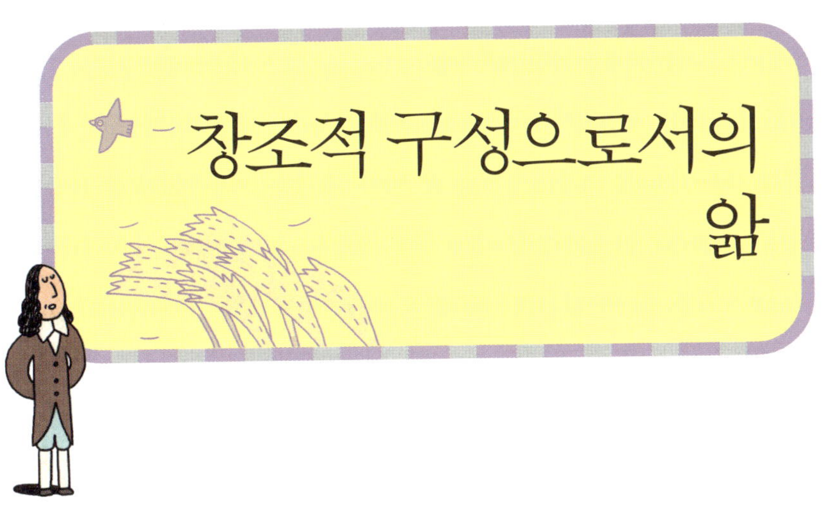

현빈이는 친구들과 모여 우리 인간이 무엇을 어떻게 아는지에 관해 서로 거리낌 없는 대화를 나누기로 했다.

"나는 오랫동안 내가 확실하게 알고 있던 것이 사실은 전혀 그렇지 않은 것에 놀랄 때가 많았어. 어떤 때는 무엇을 어떻게 아는지에 관해 생각하면 머리가 너무 무거워져. 너희는 어때? 미영이, 기형이, 종석이 그리고 영숙이 순으로 터놓고 각자 자기 생각을 이야기해 보면 좋겠어."

미영이가 먼저 입을 열었다.

"나는 너희처럼 심각하게 생각하는 게 이상해. 상식*이 제일 좋은 거 아니겠어? 가끔 너희하고 토론해 봤지만 너희는 지나치게 생각 안에서만 맴돈다는 느낌을 받았어. 사실 생각 안에서 안 되는 일이 어디 있겠니? 나는 무엇을 어떻게 아는가, 하는 문제를 놓고 토론하는 자체가 쓸모없는 거라고 생각해. 왜 그런지 알아? 아무리 오랜 시간 이 문제를 토론한다고 해도 너희 모두는 각자의 생각 안에서 제멋대로 한없이 맴돌 테니까 말이야."

미영이는 항상 명랑한 성격이고 매사에 있어 치우치는 법이 없이 행동하므로 친구들이 많다. 말하자면 건전한 상식에 따라 생활하는 것이 미영이의 생활신조였다. 미영이는 말을 잠깐 쉬면서 친구들을 둘러 본 후 계속해서 말을 이어갔다.

"우리가 무엇을 어떻게 아는가, 하는 문제를 꺼내는 것부터가 잘못된 거라고 봐. 그런 문제를 내놓으면 누구든지 애써서 골치 아픈 이론을 그럴듯하게 꾸며 대려고 하지 않겠어? 그러니까 그런 물음보다 오히려 우리의 현실 생활에 잘 어울리는 물음을 던지고 그것을 토론하는 것이 보람 있지 않을까?"

안절부절못하며 어쩔 줄 모르고 중간에 끼어들려던 기형이가 더 이상 참지 못하겠는지 드디어 말문을 열었다.

"미영아, 네 말은 그럴듯하게 들리지만, 그런 태도를 가진다면 아무런 문제도 해결할 수 없을 거야. 네 말은 이래도 좋고 저래도 좋으니, 대충대충 좋은 게 좋은 거라는 식으로 살자는 뜻으로 들리는데?

우리가 무엇을 어떻게 아는가, 하는 문제는 사람이 살아가면서 만나는 문제들 중에서 가장 중요한 거야. 이 문제를 제쳐놓고 과연 어떤 문제를 가장 먼저 다룰 수 있을까? 우리가 아는 대상이 무엇보다도 확실해야 우리가 그 대상을 말할 수 있을 뿐만 아니라, 또 어떻게 아는지가 분명해야 그 대상을 정확히 알 수 있다고 생각해.

내 생각을 말해 볼까? 우리는 감각작용으로 대상을 아는 거고 그 이외의 어떤 것으로도 알 수 없어. 즉 보고 듣고 만지고 냄새 맡고 맛보고 해서 어떤 것을 드디어는 장미꽃으로 알게 되는 거지. 사람도 다른 동물과 큰 차이가 없다고 생각해. 단지 감각작용이 세밀하고 각각의 감각작용이 서로 가장 잘 통일되는 점에서는 인간이 가장 뛰어난 것 같아. 너희는 어떻게 생각하니? 감각이 아니면 우리가 또 어떤 다른 것에 의해서 대상을 알 수 있을까?"

기형이는 숨 쉴 사이도 없이 총알처럼 자기의 입장을 말했다. 그러자 입가에 잔잔한 미소를 띠며 가만히 기형이의 말에 귀 기울이던 영숙이가 카랑카랑한 목소리로 말하기 시작했다.

"기형이 네 말도 틀리지는 않다고 생각해. 그렇지만 나는 인간은 감각이라는 능력 말고도 또 다른 능력이 분명히 있다고 믿어. 수학의 경우만 해도, 감각으로 수학 문제를 풀 수 없잖아? 그렇다면 인간은 분명히 감각뿐만 아니라 다른 능력을 가지고 있는 거야.

기형이 너는 감각으로 모든 것을 안다고 했는데, 그건 경험론의 입장이야. 나는 오히려 합리론의 입장을 지지하고 싶어. 인간은 본래부터 이성적이야. 인간은 생각하기 때문에 다른 생물들과 구분되는 거잖아? 그렇다면 감각은 단지 앎의 수단에 불과하고 앎을 형성하는 근본적인 능력은 이성이라고 봐야 해. 우리는 이성의 능력에 의해 이 대상을 장미꽃으로 알게 되는 거지."

현빈이는 아직 자기의 입장을 확실히 정하지 못한 처지이고 또 기형이와 영숙이의 논쟁이 너무 진지해지자 앎의 문제를 좀 더 연구하고 계속 토론하는 것이 낫겠다고 생각했다.

"야, 너희 보통이 아니구나. 참 좋은 생각들을 말해 주었어. 이 문제에 관해서 도움이 되는 책도 읽고 더 깊이 생각한 후 다시 한 번 진지하게 토론해 보자."

자아란 과연 있는 것일까? 자연과학*이나 감각 경험을 바탕으로 삼는 사람들은 인간의 고유한 자아를 인정하지 않는다. 물론 불교에서도 자아를 인정하지 않는다. 하지만 인간에게 이성 능력이 있다고 믿는 이들은 각 인간의 고유한 자아를 인정한다.

누구든지 뚜렷하게 '나'를 주장하는 것을 보면 자아라는 것이 있는 것 같지만, 이와 반대로 인간도 동물이나 식물처럼 자연적으로 성장하는 것을 보면 인간 역시 물질들의 합성이나 그 작용에 지나지 않는가 하는 생각이 든다.

그러나 인간의 삶 전체로 볼 경우 삶의 주체가 있는 것이 확실하다. 삶의 주인(주체)은 자아이다. 행동의 주체, 양심과 자유와 앎의 주체는 바로 인간의 자아이다.

인간은 다른 존재와 달리 달과 별과 꽃을 그리고 바다와 하늘을 노래한다. 인간은 대상을 창조적으로 구성한다. 극단적인 경험론이나 지나치게 이성적인 합리론은 모두 앎의 문제를 편파적으로 다룬다. 왜냐하면 이들은 둘 다 인간의 창조성에 귀를 기울이지 않기 때문이다.

인간은 스스로 자기 자신을 창조하며 동시에 세계를 창조한다. 다시 말해서 인간은 자신의 삶과 세계를 구성하는 문화적 존재이다.

❶ 심리적이며 물리적인 차원에서는 자연적인 앎의 과정을 탐구하는 데 비해 철학적 차원에서는 앎을 어떤 측면에서 탐구하는지 알아보자.

❷ 어떤 차원에서의 앎이 보편성과 필연성을 가질 수 있는지 이야기해 보자.

❸ 앎의 문제에 대한 경험론, 합리론 그리고 직관론의 입장을 말해 보자.

❹ 앎의 문제에 대한 입장은 어떤 점에서 근본적으로 서로 다른지 살펴보자.

❺ 두 눈을 감았을 때, 한 눈만 감았을 때 그리고 두 눈을 모두 떴을 때 똑같은 하나의 사물은 서로 다르게 보인다. 눈으로 보기에 각각 다른 사물을 우리가 하나의 사물이라고 확실히 말할 수 있는 근거는 어디에 있는가?

❻ 인간은 자신의 자아를 둘로 나누어 하나는 '생각되는 자아'로 그리고 또 하나는 '생각하는 자아'로 본다. 각각의 경우 구체

적인 예를 말해 보자.

7 '생각되는 자아'와 '생각하는 자아'가 어떤 이유에서 하나의 통일된 자아를 형성하는지에 관해 이야기해 보자.

8 행동과 양심 그리고 자유의 주체는 어떤 것인지에 관해 대화해 보자.

우리는 어떻게 생각하는가

만일 어떤 학생이 "우리 반 학생의 전체 수는 60명이고, 내 성적의 석차는 50등인데, 나는 5등 안에 들어서 우등상장을 받았다"라고 말한다면 아무도 그 학생의 말을 믿지 않을 것이다. 왜냐하면 그 학생의 말은 논리*에 어긋나기 때문이다.

말이나 글이 문법에 맞으며 조리가 있을 때 그것을 논리적이라고 하고 그렇지 못할 때 그것은 논리에 어긋난다고 하거나 비(非)논리적이라고 한다.

어느 누구든지 자기 멋대로 생각할 수 있다. 생각 속에서는 순식간에 벼락부자가 되기도 하고, 몇 초 사이에 미국이나 영국도 왔다 갔다

할 수 있으며, 일류 대학에도 내 마음대로 들어갈 수 있다. 그러나 생각을 표현할 때 우리는 말이나 글을 사용하지 않을 수 없다. 따라서 말이나 글을 통해 생각은 형식적으로 표현되게 마련이다.

말이나 글을 통해 나타난 생각의 형식과 법칙을 연구하는 것을 일컬어 논리학이라고 부른다. 그러므로 아직 말이나 글로 표현되지 않은 느낌이나 직관은 논리학의 대상이 되지 않는다. 어떤 소년이 자신의 성적에 대해서 불안을 느낀다든지 또는 어떤 소녀가 미끈한 남학생을 이상적인 사랑의 대상으로 직관할 경우 그런 느낌이나 직관은 논리학의 대상이 될 수 없다. 왜냐하면 참〔眞〕과 거짓〔僞〕이 가려질 수 있는 언어만이 논리학의 대상이 되기 때문이다. 불안한 느낌이나 사랑하고픈 대상에 대한 직관에서는 참과 거짓이 구분되지 않는다.

논리적 생각은 질서 있는 대화를 위해 필요하다. 더 나아가 인간들이 서로 이해할 수 있는 보편적인 형식을 명백히 하기 위해서 말과 글에 질서와 체계를 주기 위해 논리학이 요구된다. 만일 우리가 논리를 무시하고 말과 글을 사용한다면 우리는 서로 이해할 수 없을 뿐만 아니라 큰 혼란에 빠질 것이며 더욱이 어떤 학문도 성립할 수 없을 것이다.

그렇다면 논리적인 생각이란 어떤 것일까?

논리적인 생각이란 추리적(推理的)인 것이므로 결국 논리학은 추리를 대상으로 삼는다. '사과는 달다. 이 과일은 사과이다. 그러므로 이 과일은 달다'라는 추리는 논리적 추리이다. 논리학은 추리가 정확한지 또는 그렇지 않은지를 가려내는 작업을 한다. 따라서 논리학은 추리의 심리적 과정이나 절차와는 상관이 없다. 우리가 사과를 눈으로 보거나 만지거나 깨물어 그 자극이 신경계통을 거쳐서 뇌에 전달되어 '사과'와 '달다'는 개념을 만들어 내는 심리적 과정은 논리학의 대상이 아니다. 논리학은 단지 표현된 문장〔또는 명제*(命題)〕의 논리적 추리가 정확한지 아닌지, 즉 참인지 거짓인지만을 문제 삼는다.

또한 논리학이 대상으로 삼는 문장은 의미가 있는 문장이다. 논리적 추리를 구성하는 문장은 '아!', '아이고!', '빌어먹을!', '맙소사!' 등과 같이 느낌을 나타내는 단어가 아니다. '봄이 오면 진달래가 핀다'처럼 간단한 문장이나 또는 우리가 보통 쓰는 문장과 문장으로 이루어진 명제가 논리적이다.

- 수진이는 아침 7시에 집을 나선다. 만일 네가 아침 7시에 수진이의 집 앞에 도착한다면 너는 수진이를 볼 수 있을 것이다.
- 그 여학생은 다음 일요일 오후 서울대공원 분수대 앞에서 너를 기다리겠다고 말했다. 때를 맞춰 그곳에 가면 너는 그 여학생을 만날 것이다.

이 두 가지 문장은 간단한 논리적 추리의 예들이다.

우리가 일상생활과 학문에서 쓰는 대부분의 말은 논리적 추리를 포함하는 명제로 이루어진다. 앞의 예문에서 본 것처럼 어떤 전제(前提)로부터 결론을 이끌어낼 경우 그런 일을 논리적 추리라고 한다. 그리고 결론이 옳게 이끌어졌을 경우 그 추리는 정당한 추리이고 결론이 옳지 않게 이끌어졌을 경우 그 추리는 부당한 추리가 된다.

논리적 문장은 서술적(敍述的) 문장이다. 우리는 서술적 문장에서 문장의 참과 거짓을 가려낼 수 있다. '여학생들이 빵집에 들어간다', '현빈이는 철학에 큰 관심을 가지고 있다' 등의 문장에서 우리는 문장의 참과 거짓을 가릴 수 있기 때문에 이런 문장을 논리적 문장 또는 서술적 문장이라고 부른다.

서술적 문장은 일정한 주장을 포함한다. 그러나 의문문, 명령문 그리고 감탄문은 아무런 주장도 포함하지 않는다.

'사랑이란 무엇일까?', '인생은 무엇인가?', '돈은 왜 있을까?' 등의 의문문에서 우리는 참과 거짓을 가릴 수 없으며 그것들은 일정한 주장이 없다. 따라서 의문문은 논리적 문장이 아니다.

명령문도 마찬가지이다. '공부를 열심히 해라', '목숨을 바쳐 사랑해라', '오로지 돈만을 위해서 돈을 벌어라' 등의 명령문에서 우리는 참과 거짓을 가릴 수 없으며 그것들은 일정한 논리를 갖지 않는다.

감탄문 역시 마찬가지이다. '저 남학생은 너무 멋지구나!', '아, 나의 운명이여!', '이 달콤한 음악!' 등의 감탄문에서 우리는 참과 거짓을 가릴 수 없으며 그것들은 일정한 주장을 갖지 않는다.

우리는 참과 거짓을 가릴 수 있는 문장을 일컬어 명제 또는 언명[*]
(言明)이라고 부른다.

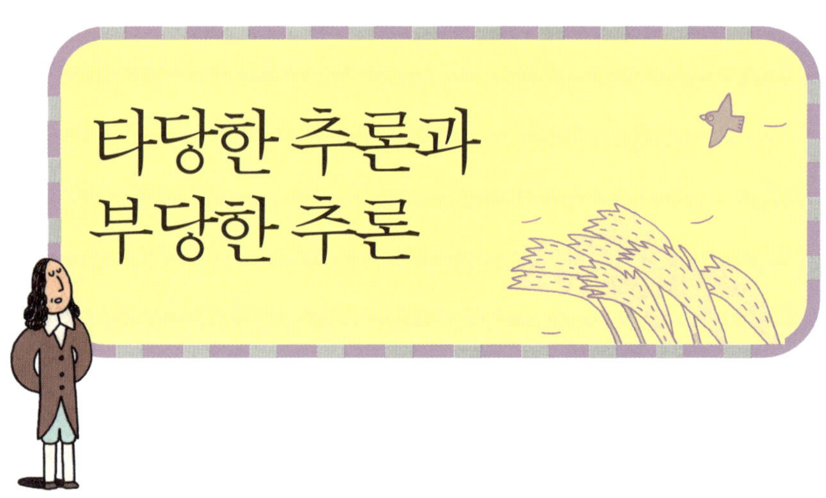

추리와 추론(推論)은 어떻게 다른가?

논리적 생각의 절차를 추리라고 부른다. 추리가 일단 형식적인 말이나 글(언어)로 표현되면 그것은 추론이다. 즉 우리가 생각으로 추리한 것은 언어에 의해 추론으로 표현된다.

예컨대 우리가 아름다운 여학생을 생각한다고 해 보자. 이 여학생은 지난 2년간 뭇 남학생들로부터 수많은 문사 러브 레터를 받았다. 우리가 이 여학생이 앞으로도 많은 문자 러브 레터를 받으리라고 생각할 경우, 그렇게 생각하는 절차는 추리이다.

그러나 어떤 한 주장이 다른 주장의 근거가 될 경우 그것을 언어로 형식화하면 추론이 성립한다. 따라서 추론은 두 가지 이상의 명제로 이루어진다.

- 우양은 지난 2년간 뭇 남학생들로부터 러브 레터를 받았다.(전제)
  그러므로 우양은 앞으로도 남학생들로부터 러브 레터를 받을 것이
  다.(결론)

추론은 전제와 결론으로 이루어지고, 전제는 여러 가지일 수도 있다. '모든 여학생은 사랑한다. 나는 여학생이다. 그러므로 나도 사랑한다'에서 '모든 여학생은 사랑한다'와 '나는 여학생이다'는 전제이고 '그러므로 나도 사랑한다'는 결론이다. 그리고 '모든 여학생은 사랑한다'는 대전제(大前提)라고 하고 '나는 여학생이다'는 소전제(小前提)라고 한다.

추론은 일정한 원인으로부터 어떤 결과를 이끌어 내는 증명의 형식을 취한다. 논리학의 과제는 그런 증명이 옳게 되었는지를 밝히는 데 있다.

다음 세 개의 명제들로 구성된 몇 가지 추론을 예로 들어 과연 추론이 타당한지 아니면 부당한지를 검토하기로 하자.

- 모든 동물은 식욕을 가진다.(참)
  모든 인간은 동물이다.(참)
  그러므로 모든 인간은 식욕을 가진다.(참)

- 만일 내가 설악산을 가진다면 나는 부자이다.(참)

나는 설악산을 가지고 있지 않다.(참)

그러므로 나는 부자가 아니다.(참)

• 모든 여학생은 긴 머리카락을 갖고 있다.(거짓)

긴 머리카락을 가진 여학생은 미인이다.(거짓)

그러므로 모든 여학생은 미인이다.(거짓)

첫째 예에서는 요소명제들(대전제와 소전제 그리고 결론)이 참답고 결론도 참이다.

둘째 명제에서는 각각의 요소명제는 참이지만 추론은 부당하다. 이런 예는 특정한 목적의식을 가진 사회적·정치적 발언에서 많이 볼 수 있다. 어떤 사람이 다른 사람을 자기편으로 끌어들이기 위해 각각의 참다운 요소명제를 사용하지만 부당한 추론을 성립시켜서 다른 사람을 속이는 경우가 있다. 부당한 추론을 타당한 추론처럼 사용했던 대표적인 사람들은 희랍의 궤변론자(소피스트)들이다.

셋째 예에서 각 요소명제는 비록 거짓이지만 추론은 타당하다.

이상에서 알 수 있듯이 전제들만 보기나 또는 결론만을 보아서는 추론이 과연 타당한지 아니면 부당한지를 가려내기가 힘들다. 전제들과 결론의 논리적 관계에서 추론의 타당성이나 부당성이 결정된다.

궤변론자(소피스트)

괴상한 이론을 다루기 좋아하고 이상한 말로 장난하기 좋아하는 철학자를 일컫는 말. 소피스트는 본래 현인이나 시인, 작인, 철학자 들을 존중하는 의미로 사용되던 말이었으나, 웅변술과 상대주의를 설파하는 교사의 강연이 인기를 누리자 교육자를 뜻하는 말로 고착되었다.

그러나 무엇보다도 먼저 전제를 그리고 결론을 구성하는 명제의 참
이나 거짓이 미리 결정되지 않으면 안 된다. 요소명제들의 참과 거짓
이 결정됨에 따라서 추론이 타당한지 아니면 부당한지가 결정된다. 다
음의 예를 보자.

- 만일 홍수가 나면 물가가 오를 것이다.(참)

  물가가 올랐다.(참)

  그러므로 홍수가 났다.(거짓)

- 만일 금년에 풍년이면 쌀값이 내릴 것이다.(참)

  쌀값이 내렸다.(참)

  그러므로 금년은 풍년이다.(거짓)

물가가 올랐다고 해서 반드시 홍수가 났다고는 볼 수 없다. 또한 쌀
값이 내렸다고 해서 반드시 풍년이라고 볼 수도 없다.

물가는 다른 원인에 의해서 오를 수도 있으며, 마찬가지로 쌀값도
다른 원인에 의해서 내릴 수 있기 때문이다. 다음의 예를 보자.

- 우리의 육체가 건강하면 마음도 건강하다.(참)

  마음이 건강하다.(참)

  그러므로 육체도 건강하다.(참)

- 생활이 윤택해지면 레저 활동을 많이 하게 된다.(참)

레저 활동을 많이 하게 되면 레저산업도 발달하게 된다.(참)

그러므로 생활이 윤택해지면 레저산업도 발달하게 된다.(참)

추론이 타당하면 결론은 항상 참이며 건전한 추론에서는 결론이 참이면 추론도 타당하다. 결론과 전제들이 모두 참이고 추론이 타당할 경우 우리는 그런 추론을 건전한 추론이라고 부른다.

현빈이와 영숙이는 추론의 종류에 관해 격렬하게 논쟁을 벌이고 있었다. 우리가 논리적으로 생각할 때는 꼭 필연적으로 생각해야 한다는 것이 현빈이의 주장이고, 반면에 우리의 생각은 모두 확률적이라는 것이 영숙이의 주장이다.

"영숙아, 수학이나 신학 그리고 심지어 철학을 봐. 우리는 언제나 순수한 사고(思考) 형식을 통해서 추론하게 마련이야. 비록 감각 경험을 통해서 대상을 알 수 있다고 할지라도 그것은 이차적인 거고 이미 순수한 사고 형식이 미리부터 있는 거야. 따라서 논리적인 사고방식은 모두 연역법◆(演繹法)일 수밖에 없어."

"현빈이 네 말이 틀렸다는 건 아니야. 그렇지만 순수한 사고 형식도 결국은 감각 경험에서 생기는 거야. 따라서 우리의 논리적인 생각은 모두 귀납(歸納) 추론인 거지. 예를 들어 볼까?

- 이 여학생은 허리가 길다.
  저 여학생도 허리가 길다.
  그러므로 모든 여학생은 아마도 허리가 길 것이다.

- 링컨은 대통령이며 인자했다.
  레이건도 대통령이며 인자했다.
  마르코스도 대통령이다.
  그러므로 마르코스도 아마 인자할 것이다.

위의 예에서 알 수 있는 것처럼 모든 논리적 생각, 곧 추론은 확률적이지, 네가 주장하는 것처럼 필연적인 것은 아니야. 둘에다 둘을 더하면 넷이라는 것도 처음에는 경험적이던 것이 차차 습관이 되어 마치 필연적인 것처럼 여기게 된 것뿐이야."

현빈이와 영숙이의 논쟁은 극단적인 주장만을 서로가 고집하기 때문에 공통되는 결론에 도달하기 어렵다는 것을 쉽사리 알 수 있다. 사실 우리는 한편으로 경험과는 전혀 상관없이 순수한 사고 형식에 의해 추론할 수 있으며, 또 한편으로는 반드시 경험에 의해 추론하지 않으면 안 된다.

수학이나 신학 및 철학에서 우리는 각각 경험과 상관없이 추론할 수 있는데 이때의 추론을 연역 추론이라고 부른다.

그러나 경험적 자연과학에서 우리는 실험이나 검증 또는 반증(反證) 등 경험에 의존해 추론하지 않으면 안 되는데 이때의 추론을 귀납 추론이라고 부른다. 그러므로 추론에는 두 가지 종류가 있다는 것을 알 수 있다.

순수한 사고 형식에만 의존하는 연역 추론은 필연적일 수밖에 없으며 그 대표적인 예는 삼단논법◆(三段論法)에서 볼 수 있다.

삼단논법이란 대전제, 소전제 그리고 결론으로 구성되는 연역 추론의 대표적인 예이다.

- 모든 사람은 생각한다.
  나는 사람이다.
  그러므로 나는 생각한다.

- 모든 여학생은 사랑한다.
  나는 여학생이다.
  그러므로 나는 사랑한다.

그러나 경험에 의존하는 귀납 추론은 확률적이다. 순수한 사고 형식은 변할 수 없기 때문에 그런 형식에 의존하는 연역 추론은 필연적이다. 예컨대 수학은 필연적인 연역 추론에

연역법

증명된 하나 또는 둘 이상의 명제를 전제로 새로운 명제를 결론으로 이끌어내는 것을 연역이라고 하며, 이러한 연역적 추리의 방법과 절차를 논리적으로 체계화한 것을 연역법이라 한다.

삼단논법

아리스토텔레스가 이론적 기초를 이룬 두 개의 전제로 하나의 결론을 얻는 추리법

의존한다. 그러나 귀납 추론에서 사용되는 전제들이란 결론에 대한 부분적 증거만을 제시하기 때문에 보편적이고도 필연적인 결론에 도달할 수 없다. 다음의 두 예를 살펴보자.

- 모든 여학생은 허리가 길다.

  나는 여학생이다.

  그러므로 나는 허리가 길다.

- 이 여학생은 허리가 길다.

  저 여학생도 허리가 길다.

  그러므로 모든 여학생은 아마 허리가 길 것이다.

첫째 추론은 연역 추론이다. 왜냐하면 전제들이 결론에 대한 전체적인 증거를 제시하기 때문이다. 그러나 모든 여학생이 허리가 길다는 전제가 잘못된 것이기 때문에 이 추론은 잘못된 추론이다.

둘째 추론은 분명히 귀납 추론이다. 전제에서 모든 여학생을 경험적으로 관찰할 수 없었다. 그러므로 결론에서 아마도 모든 여학생들이 허리가 길 것이라고 확률적으로 말할 수밖에 없었다. 확률적이라는 말은 개연적(蓋然的)이라는 말과 같은 뜻을 가진다.

예컨대 어떤 소년이 소녀를 사랑할 경우 반드시 사랑에 성공한다는 보장은 없다. 마찬가지로 인공위성을 발사할 경우에는 귀납 추론을 사용하기 때문에 반드시 인공위성이 달이나 금성에 도착한다는 결론은 나오지 않는다. 아마 달이나 금성에 도달할 것이라는 결론을 가지고 인공위성을 발사하게 된다. 실험에 의존하는 거의 모든 학문은 귀납 추론을 사용한다.

이상에서 살펴본 것처럼 귀납 추론의 결론은 '아마'와 같은 말을 가지며 개연성 또는 확률성을 띠는 반면에 연역 추론은 필연적이다. 그러나 순수한 사고의 필연적 형식만을 사용하는 수학을 볼 것 같으면, 수학은 전적으로 연역 추론에 의존하고 있음을 알 수 있다. 따라서 연역 추론은 귀납 추론과는 달리 필연적이다.

우리는 연역법과 귀납법*을 기본적인 학문의 방법으로 삼으며, 각 학문이 연역법에 의존하느냐 모든 귀납법에 의존하느냐에 따라서 학문들을 분류할 수 있다.

> **귀납법**
>
> 개별적인 특수한 사실이나 원리에서 그러한 사례들이 포함되는 좀 더 확장된 일반적 명제를 끌어내는 것을 귀납이라 하며, 이러한 귀납적 추리의 방법과 절차를 논리적으로 체계화한 것을 귀납법이라 한다.

재준이는 고등학교 1학년 학생답지 않게 말솜씨가 뛰어나서 언제나 주변에 친구들이 많이 모여들었다. 그렇지만 재준이의 말은 진지함이 별로 없을 뿐만 아니라 재준이 자신이 남보다 기발한 생각을 한다는 자만심에 젖어 있기 때문에 친구들은 장난삼아 재준이와 시시덕거리는 경우가 많았다.

오늘도 점심시간이 되자 재준이는 주위에 앉아 있는 친구들을 둘러보며 말솜씨를 뽐내기 시작했다.

"애들아, 우리 아버지는 비록 남들이 인정하진 않았지만 천재화가였어. 그러니까 나도 천재화가라는 걸 알고 있으라고."

그러자 원철이가 픽 웃으면서 반박했다.

"그런 말이 어디 있냐? 그렇다면 너의 어머니가 일찍 돌아가셨으니까 너도 일찍 돌아가시겠구나?"

"그럼, 당연하지. 나도 곧 돌아가실 거다. 너희는 내가 왜 내 도시락을 먹고 나서 너희 것까지 빼앗아 먹는 줄 아마 모를 거다. 내가 시골에서 살 때 할머니가 나에게 객지에서 하숙하면 먹을 걸 가리지 말고 먹으라고 하셨어. 그러니까 나는 너희보다 두세 배 먹어도 괜찮은 거야."

이번에는 기형이가 끼어들었다.

"재준이 넌 언제나 그렇지만, 진심으로 하는 얘기냐 아니면 그저 우스갯소리를 하는 거냐? 그럼 넌 내가 너보고 굶으라고 하면 굶을 거냐?"

"그럼, 굶어야지. 우선 굶고 조금 있다가 먹으면 되는 거야. 기형이 넌 나를 놀렸으니까 먼저 왼뺨을 맞고 다음에는 오른뺨을 맞아야 해. 왜냐하면 예수께서 가라사대, 왼뺨을 맞으면 오른뺨을 내밀라고 하셨으니까."

추론이 타당하지 못할 경우 그 추론의 추리는 오류(誤謬)를 범한다. 오류에는 크게 두 가지 종류가 있는데, 그것은 '비형식적 오류'와 '형식적 오류'이다.

논리 규칙을 어길 때 생기는 오류는 형식적 오류이다. 그러나 논리 규칙과는 아무런 상관없이 언어의 애매함 또는 논리적 관련으로부터 생기는 오류는 비형식적 오류이다.

• 저 남학생은 키가 작다.

이 여학생은 키가 크다.

그러므로 이 여학생은 저 남학생보다 키가 크다.

- 이 여자 고등학교는 미녀들이 제일 많은 여고이다.

그러므로 이 여고에 다니는 영숙이도 미녀이다.

첫째 예에서는 남학생과 여학생 사이에서의 '크다'와 '작다'라는 말이 정확하게 사용되지 못했다―다의어(多義語)의 오류. '크다'와 '작다'는 상대적인 용어이고, 문맥에 따라서는 전혀 다른 뜻을 가지는데 여기에서는 전적으로 무시되었다.

둘째 예에서는 전체의 성질을 무조건 부분에 적용시키는 잘못을 범했다. 예컨대 '한국 사람은 영리하다' 역시 전체의 성질을 무조건 부분에 적용하는 오류를 범한다―분할(分割)의 오류.

오류를 범하는 추론은 이루 헤아릴 수 없이 많다. 여러 개의 문장으로 구성된 추론에서 하나의 문장이나 어떤 특수한 용어를 강조하면 '강조의 오류'를 범한다.

'너희는 이웃을 사랑해야 한다'는 문장에서 너희를 강조하면 나른 사람들은 상관없는 것으로 이해할 수 있으며, 이웃을 강조하면 이웃이 아닌 사람들은 사랑하지 않아도 된다는 뜻이 될 수 있다.

텔레비전, 라디오 또는 신문이나 잡지 그리고 스마트폰에서 접하는 선전, 광고를 볼 경우 우리의 추리는 오류를 범하기 쉽다. 만일 '이 약은 당신의 건강에 좋다'고 할 경우, 이 약을 강조하면 다른 약은 제외되며 '당신'을 강조하면 당신 이외의 다른 사람들이 제외된다. '이 약은 당신의 건강에 좋습니다'라는 광고를 보거나 들을 때 우리는 '좋구나, 저 약이 나에게 좋은 것이 틀림없다'고 믿기 쉬운데 이것은 우리가 강조의 오류를 범하는 좋은 예라고 할 수 있다.

만일 우리가 '이 여학생은 코와 눈이 아름다우므로 미녀이다'라고 추리한다면 그런 추론 역시 오류를 범한다. 부분들이 아름답다고 해서 반드시 전체가 아름다울 수는 없기 때문이다. 부분들의 성질을 가지고 집합(集合)의 성질을 추리한다면 우리는 '결합의 오류'를 범한다.

지금까지 살펴본 오류는 언어의 애매함에서 생기는 것이었다.

합리적이거나 논리적인 추론보다 특정한 위력을 근거 삼아서 추리할 경우 논리적 관련에서 생기는 오류들이 있다. '사랑은 유일한 힘이다', '신앙은 삶의 유일한 원천이다', '돈은 모든 것의 근본이다'와 같은 문장을 보면 사랑과 신앙 그리고 돈이 정당한 이유 없이 무조건 추리의 근거로 전제되어 있다.

위력을 근거로 삼는 추론과 마찬가지로 특정한 사람을 바탕으로 삼는 추론 역시 오류를 범한다.

- 여자여, 그대의 이름은 갈대이다. 그러므로 이 소녀 역시 갈대이다.
- 나는 선배로서 너에게 말하는 것이니 너는 어떤 이유에서든 내 말을 믿어야 한다.
- 어린아이의 말은 믿을 만한 것이 못 된다.

- 이 말은 예수께서 말씀하신 것이니 여러분은 이 말을 따르지 않으면 안 된다.
- 김군은 어렸을 때 찢어지게 가난하게 자랐으므로 성격이 삐뚤어질 수밖에 없디.

이상의 예들에서 알 수 있듯이 특정한 사람이나 환경 또는 위치를 근거로 삼아서 추리할 때 우리의 추론 또한 오류를 범한다. 추론은 바탕이 타당하지 못하면 그런 추론은 오류 추론이다.

오류 추론을 우리는 궤변이라고도 말하고 또한 역설*(臆說)이라고도 말한다. 어떤 문장을 거짓이라고 증명할 수 없는 문장을 참이라고 주장함으로써 성립하는 추론이 있다.

- 당신은 내가 천재가 아니라는 것을 증명할 수 없다. 그러므로 나는 천재이다.

이 주장은 억설에 지나지 않는다.

- 하느님이 안 계신 것을 증명할 방도가 없는 한 하느님을 믿어라.

이 주장 역시 오류를 범한다. 이런 오류는 '무지(無知)에의 추론' 때문에 생긴다.

비록 죄를 범하지 않았다고 할지라도 법정에서 자신의 무죄를 증명할 길이 없어서 유죄판결을 받았다면 이것은 무지에의 추론으로 인해 그렇게 되었다고 말할 수 있다.

그런데 순수하게 형식적이며 논리적인 추론의 차원에서는 오류를 범한다고 할지라도 우리의 실제 삶에서는 생생한 힘을 가진 추론의 종류가 있다.

일찍이 아버지가 암으로 세상을 뜨고, 앓아누운 어머니와 어린 동생들을 보살펴야 하는 소녀 가장이 있다고 하자. 어느 날 이 소녀는 먹고 살기 위해 소매치기를 하다가 붙잡혔다. 법정에서 변호사는 이 소녀를 위해 다음처럼 변호했다.

"물론 이 소녀의 죄는 무겁지만 눈물겹게 딱한 정상을 깊이 참작해 관대하게 처분해야 합니다."

이런 추론은 논리적으로 부당하다. 그런데도 소녀에게 관대한 처분이 내려져야 한다고 추리하는 변호사의 태도는 무엇을 근거로 삼았는가? 삶의 문제는 논리적 문제에 우선하며 또한 삶의 논리를 넘어선다. 왜냐하면 삶은 전체이고 논리는 부분이기 때문이다.

소녀에 대한 변호사의 추론은 '연민(憐憫)에의 추론'이다.

연민을 근거로 삼고 추리해 결국 논리의 정확성을 잃게 되는 것이 연민에의 추론이다.

"밤을 세우며 열심히 공부했습니다. 그러나 두통이 워낙 심해서 이번 시험을 제대로 보지 못했으니 제발 좀 봐 주십시오."

"저는 최선을 다해 일했습니다. 단지 동료들의 시기와 비난 때문에 진급이 늦어진 것입니다. 이번에는 꼭 선처를 부탁드립니다."

이와 같은 추론은 모두 연민에의 추론으로 논리적인 오류를 범한다. 연민에의 추론은 논리가 아니라 동정심을 근거로 삼을 때 생긴다.

많은 사람들에의 추론 역시 오류 추론이다.

"나는 천재야."

"어떤 근거로 그런 말을 하니?"

"사람들이 나를 보고 천재라고 그러니까."

"너하고 더 이상 사귀지 않을래."

"왜?"

"너는 사기꾼이니까."

"어째서?"

"다들 그러더라."

이런 추론들은 많은 사람들을 근거로 삼아서 정당성을 주장하려고 한다. 이와 같은 추론은 충분한 자료나 증거를 무시하고 상대방을 의도적으로 찬성이나 반대로 이끌어 추론을 따르게 하려고 한다.

- 이 치약은 제일 많이 선전되니까 가장 좋은 치약이다.
- 이 오디오 시스템은 대재벌 기업의 제품이니까 훌륭하다.
- 현재의 교육제도는 많은 사람들이 호응하므로 바람직한 것이다.

위의 예들은 많은 사람들이 결정하는 것이 언제나 타당하다고 하는, 근거 없는 전제를 내세우기 때문에 오류를 범한다. '최대 다수의 최대 행복'이라는 공리주의의 원칙 역시 논리적으로 볼 때 '많은 사람에의 추론'으로서 오류를 범한다. 물론 현실적으로 우리의 삶에서 최대 다수의 최대 행복이 가장 바람직한 것인지의 여부는 또 다른 문제이다.

'위력에의 추론'과 비슷한 오류를 범하는 것은 '권위에의 추론'이다. 영웅이나 천재 또는 전문가나 성인(聖人) 또는 외국을 끌어들여서 상대방을 비합리적으로 설득하려는 의도를 지닌 것이 권위에의 추론이다.

- 이 지갑은 피에르 가르뎅 제품이므로 최고품이다.
- 이 노래는 멋진 노래이다. 왜냐하면 마돈나가 부른 노래이니까.
- 부룩 쉴즈의 미소는 여성의 이상적인 미소이다. 그러므로 여성은 부룩 쉴즈처럼 미소 지어야 한다.
- 너 자신을 알라고 소크라테스가 말했다. 그러므로 당신도 자신을 알지 않으면 안 된다.

이런 추론들은 모두 어떤 권위를 바탕으로 깔고 있다. 따라서 이와 같은 종류의 추론은 정당한 논리적 근거가 없으므로 오류를 범한다.

만일 내가 어떤 사람과 다음과 같은 대화를 한다고 생각해 보자.

"당신은 은방울꽃을 압니까?"

"알지요."

"그러면 당신은 이 봉지 안에 든 꽃을 압니까?"

"볼 수 없으니 모릅니다."

"이 봉지 안에 있는 것은 은방울꽃입니다. 당신은 먼저 은방울꽃을 안다고 했고, 동시에 이 은방울꽃을 모른다고 했으니 그것은 모순된 말입니디."

이 경우 봉지라는 우연한 요소를 삽입해 상대방을 함정에 빠뜨리며 추리하기 때문에 이런 추론도 오류를 범한다. 이것은 '우연(偶然)의 오류'이다.

일반적으로 '수소는 기체이다'라는 문장은 타당한 것으로 여겨지지만 절대적으로 타당하지는 않다. 왜냐하면 일정한 온도라는 우연적 조건을 전제로 해야만 수소는 기체이고, 낮은 온도에서 수소는 액체도 될 수 있기 때문이다.

'거짓된 원인의 오류'를 범하는 추론도 있는데 다음과 같은 예들이 해당된다.

- 우리 가문이 이렇게 번창하는 것은 조상님의 묏자리를 명당에 잡았기 때문이지.
- 눈이 충혈 되었을 때는 실에 바늘을 꿰어 바늘을 바로 코앞에 대고 노려보면 씻은 듯 핏발이 사라진다네.
- 커다란 구렁이가 배 속으로 들어가는 꿈을 꾼 다음 이 아이를 밴 거예요.
- 돼지꿈을 꾸었더니 글쎄 복권에 당첨되었지 뭐니.

이 예들에서 우리는 원인과 결과가 아무런 연관성이 없는데도 거짓된 원인을 근거로 삼아 추리하는 오류를 범한다. 이런 오류가 바로 거짓된 원인의 오류이다.

또 다른 종류의 오류가 있다.

- 너는 스무 살이니 결혼할 나이이다. 서둘러서 약혼부터 해라.

이 경우 스무 살이 반드시 결혼할 나이인지 아닌지에 대한 구체적 사정을 전혀 고려하지 않고 스무 살이니 당장 약혼부터 해야 한다는 것은 '선결문제(先決問題) 요구(要求)의 오류'를 범한다. 스무 살이 과연 여러 가지 상황에 비추어 결혼에 적당한 시기인지 여부가 먼저 밝혀진 다음에 결혼이 거론되어야 할 것이다. 선결문제 요구의 오류는 '부당가정(不當假定)의 오류'라고도 일컬어진다.

또한 전제에서 나온 주장이 결론에도 똑같이 나오는 경우 그런 추론 역시 선결문제 요구의 오류를 범하는데, 이런 종류의 오류를 일컬어 '순환논법의 오류'라고 한다.

- 우리 어머니는 네가 나의 아내가 되어야 한다고 말씀하셨다. 그러니까 너는 나의 아내가 되어야 한다.
- 사람들은 니체◆를 천재라고 부른다. 그러므로 니체는 천재이다.

이처럼 순환논법의 오류를 범하는 추론에서는 단지 형식만 추론의 모습을 취하고 실제로는 아무런 추리 과정도 들어 있지 않다. 왜냐하면 똑같은 말을 전제와 결론에서 반복하기 때문이다.

또 다른 종류의 오류를 살펴보자. 예컨대 어떤 학교에서 책 구입 문제로 회의를 열었을 때 다음과 같은 이야기가 오갔다고 하자.

"책 구입에 관해 좋은 의견을 말씀해 주십시오."
"이번에는 월간잡지 다섯 종류를 구입하는 것이 어떻겠습니까?"

이 경우에는 어떤 종류의 책을 구입할 것인지 그리고 다음으로 몇 권을 구입할 것인지 두 가지 문제가 따로 따로 논의되어야 할 것이다. 이와 같은 질문은 두 가지 질문을 하나로 은연중에 복합시킨 것이므로 '복합적 질문의 오류'를 범한다.

복합적 질문의 오류에 관한 또 다른 예를 살펴보자.

• 당신은 그 남학생을 사랑하는 것을 그만 두었나요?

이런 물음을 갑자기 받을 경우 여학생은 몹시 당황할 것이다. 이런 질문은 여학생이 과거에 그 남학생을 사랑했는지 그리고 현재도 그 남학생을 여전히 사랑하는지 두 가지로 나뉘어야만 할 것이다. 이처럼 긍정도 부정도 할 수 없는 종류의 질문은 일반적으로 두 가지 질문을 은연중에 하나로 혼합시키는 복합적 질문의 오류를 범한다.

이제 마지막으로 '논점 부적절의 오류'를 살펴보자.

"사랑은 아름다운 것입니다. 당신 역시 사랑을 아름답다고 생각합니까?"

"물론입니다."

"그렇다면 당신도 틀림없이 아름다운 사랑을 체험한 사람입니다."

　그러나 사랑을 아름답다고 생각한다고 해서 그 사람이 반드시 아름다운 사랑을 체험했다고 단정해 버리기는 곤란하다. 이와 같은 경우의 오류는 논점 부적절의 오류이다.

　지금까지 우리는 비형식적 오류를 중심으로 해 추론이 범하는 오류를 살펴보았다. 비형식적 오류는 우선 언어의 애매함에 의해서, 그 다음으로는 논리적 관련에 의해 발생한다. 우리는 기본적으로 정확하게 생각해야 하며 동시에 명확하게 언어를 표현해야 하기 때문에 당연히 논리적인 생각을 필요로 한다.

　만일 우리가 논리적으로 생각할 수 없다면 우리는 아무런 삶의 체계와 질서도 말할 수 없을 것이고 더 나아가서 학문이라고 하는 정신의 산물을 언급할 자격이 없을 것이다. 여러 가지 종류의 오류를 살핌으로써 우리는 어떤 추론이 과연 논리적으로 타당한지 아닌지를 가릴 수 있을 뿐만 아니라 정확하게 추리할 수 있을 것이다.

이성적 동물

인간이란 도대체 무엇인가? 우리 인간은 다른 모든 존재하는 것들(무수한 무기물, 식물 및 동물)이 꾸미는 환경 그리고 인간 스스로 구성하는 환경 안에서 살아가고 있다. 인간은 그런 세계를 살아가면서 식물의 특징과 동물의 특징을 비롯해 인간만의 고유한 특징을 지닌다.

특히 인간은 다른 식물이나 동물과는 달리 자기 자신을 반성하고 확인하면서 행복이라는 궁극 목적을 달성하려고 애쓴다. 물론 인간은 복잡다단한 요인들을 내면에 가지고 있으며 동시에 행복의 달성을 방해하는 외부의 조건들로 인해 갈등과 절망 그리고 좌절을 깊이 맛보지 않을 수 없다. 그러나 무엇보다도 인간이 다른 존재가 아니고 인간일 수 있는 이유는 무엇일까? 그것은 인간이 '사고 능력'을 가지고 있기 때문이다. 인간의 생각하는 능력은 한마디로 이성이라고 일컬어진다. 예로부터 '인간은 행동하는 존재이다', '인간은 의심하는 존재이다', '인간은 도구를 제작하는 동물이다', '인간은 유희할 줄 아는 동물이다' 등등 인간에 관한 정의가 많이 있지만, 이런 모든 정의를 포함하는 말은 역시 '인간은 이성적 동물이다'라는 표현일 것이다.

인간의 생각은 근본적으로 이성적이다. 그러나 생각이 감정의 지배를 받거나 아니면 외부의 조건에 의해 좌절당할 경우 인간의 생각은 비이성적인 것으로 바뀔 수 있다. 지난날의 기나긴 역사를 통해 우리는 인간의 생각이 지나칠 정도로 비이성적인 방향으로 기울었던 사실들을 기억한다.

물론 이성적이라는 말을 수학적이라는 말과 똑같이 생각해서는 안 될 것이다. 이성적이라는 말은 인간의 생각이 전체적으로 질서와 조화를 가진다는 것을 뜻한다. 따라서 이성적이라는 표현은 합리적이라는 말로 대치될 수 있다.

비이성적 생각은 비이성적 행동을 수반하게 마련이다. 로마의 황제 네로는 로마 시를 불구덩이로 만들고 기뻐 날뛰면서 눈물단지에 환희의 눈물을 담으려고 했다. 진시황제는 천년, 만년 영원히 살기 위해 불로초를 구하려고 안간힘을 썼다. 마르크스는 물질적인 만족을 행복의 척도라고 보고 계급의 차별이 없는 유토피아를 건설하려고 꿈꾸었다. 히틀러는 세계를 게르만 민족의 지배 아래에 두려고 전쟁을 일으키고 수백만 명의 목숨을 앗아갔다. 일본도 대일본 제국의 건설을 꿈꾸면서 세계대전을 일으켰다. 이와 같은 종류의 생각과 행동은 비이성적인 것이자 비합리적인 것이다.

만일 논리적 사고의 정확함을 기초 삼아서 생각하는 훈련을 쌓는다면 우리는 점차로 합리적 생각과 행동을 갖게 될 것이다. 그러나 특정한 감정이나 충동을 절대적 신념으로 생각하기 시작한다면 우리는 삶 전체를 볼 줄 모르고 결국 부분을 전체로 착각함으로써 비합리적 사고와 행동에 사로잡히게 될 것이다. 아직도 출신 지역이라든지 학벌이나 가문에 매달려서 이기적인 욕심에만 눈이 어둡다면, 그것이야말로 비이성적인 것이며 부분만을 보는 태도가 아닐 수 없다. 이성적이고 합리적인 인간이라면 어떤 무엇보다도 인간 평등사상을 가장 앞서는 것으로 생각할 것이다.

그런데 우리가 여기에서 주의해야 할 점은 비합리적·비이성적 사고와 행동이 반드시 건전하지 않은 것은 아니라는 사실이다. 왜냐하면 어떤 경우에는 비합리적인 생각과 행동이 합리적 사고와 행동을 촉진하는 자극제가 되기 때문이다. 예컨대 현재 독일을 보면, 오늘날의 독일인들은 과거 히틀러의 비합리적인 정치 활동을 반성함으로써 가능한 합리적인 길을 찾아가려고 애쓰고 있다. 아마 일본의 경우도 마찬가지일 것이다.

얼마 전까지만 해도 우리에게는 충*(忠)과 효*(孝) 사상이 강요되었다. 아직도 우리의 주변에서는 나이 먹은 사람이나 사회의 직급에서 윗자리에 있는 사람에게는 무조건 복종하고 공손해야 한다는 생각이 지배적이다. 물론 이런 생각은 비합리적이다.

만일 어떤 나라가 오로지 자기만의 번영을 위해 다른 나라들을 침략하고 심지어 핵무기까지 사용한다면 결과는 어떨 것인가? 만일 사회에서 특정한 몇 사람만이 이기심을 채우기 위해 권력과 재산을 제멋대로 가진다면 그런 사회는 어떻게 될 것인가? 이와 같은 종류의 모든 생각과 행동은 비합리적이다. 비합리적 생각과 행동은 삶 자체를 파괴하며 인간의 가치를 송두리째 뽑아 버리고 만다. 현대 사회는 다분히 비합리적인 특징이 강하다. 공해, 전쟁의 위협, 경제적 빈곤, 인구의 폭발적 증가 등은 비합리적 문명의 발달이 가져다준 결과이다. 만일 우리가 여전히 합리적 생각과 행동을 갖지 못한다면 우리는 미래에 대한 방향감각을 잃고 방황하지 않을 수 없다.

결국 논리적 생각은 인간이 합리적이며 이성적으로 생각하고 행동하기 위한 기초로서 요구된다. 우리는 정확하게 생각하고 충분한 증거가 뒷받침 되는 추리를 하기 위해 논리적으로 생각할 필요가 있다. 플라톤*이 아카데미아* 앞에, '수학을 모르는 자는 들어오지 말라'고 써 붙인 것 역시 논리적 생각의 필요성을 강조했기 때문일 것이다.

물론 논리적 생각과 행동은 삶의 일부에 지나지 않는다. 따라서 우리는 논리적 생각을 기초로 삼으면서도 점차로 형식을 극복하고 내용이 알찬 삶으로 논리적 생각을 전환시킬 수 있다.

다시 말해서 우리는 논리적 생각을 지향하면서 자아, 신 그리고 선(善)이나 아름다움의 문제에 접할 수 있다.

그러나 만일 우리가 논리적 생각을 처음부터 무시한다면 우리는 모든 것이 공상이나 환상 또는 착각에 잠긴 것으로 혼동하기 쉬울 뿐만 아니라 무한한 의심의 늪에서 헤어날 수 없다.

예술과 종교도 논리적 생각을 바탕으로 삼는다. 한 줄의 시 그리고 한 곡의 음악은 결코 헛된 공상이나 착각의 산물이 아니라 질서 있고 논리적인 예술적 창작의 산물이다. 또한 아무것이나 멋대로 믿는다고 해서 그런 형태가 종교일 수는 없다. 특정한 교리와 신앙의 대상, 종교의 의식(儀式)과 종교 집단이 체계적으로 구성되어야만 비로소 참다운 종교의 형태가 드러난다.

논리적 생각은 세계와 삶의 전체성에 대한 질서와 체계를 우리에게 일깨워 준다. 따라서 논리적 생각은 합리적이며 이성적이다. 인간은 이성적 동물이다. 그러므로 인간은 자신과 세계를 알며 나아가서 자신과 세계를 참답게 구성하기 위해 논리적으로 생각하지 않을 수 없다.

생각해 볼 문제

❶ 일반적으로 한국 사람들은 논리적 훈련이 부족하다는 말을 흔히 들을 수 있다. 논리적 훈련이 부족하다는 것은 추상적 사고의 훈련이 부족하다는 것을 뜻한다. 우리의 어떤 점이 그런지 구체적으로 예를 들어 보자.

❷ 논리적 사고의 훈련에는 어떤 방법이 바람직한지에 관해 토론해 보자.

❸ 감탄문이나 의문문에서는 참거짓을 가릴 수 없는 이유가 무엇인가?

❹ 타당한 추론과 부당한 추론을 구분하는 기준이 어떤 것인지를 말해 보자.

❺ 경험적 자연과학에서 우리는 실험이나 검증 또는 반증(反證) 등 경험적 요소에 의존해 추론하는데, 이와 같은 경우의 추론을 무슨 추론이라고 하는가?

❻ 삼단논법은 대전제, 소전제 및 결론으로 구성되는 연역 추론이다. 각자 몇 개씩 삼단논법의 예를 작성해 보자.

❼ 연역법과 귀납법은 각각 어떤 학문의 대표적인 방법인지 말해
보자.

❽ 다음은 어떤 종류의 추론인지 지적해 보자.

"당신은 도토리나무를 압니까?"
"압니다."
"그러면 우리 집 뒤에 있는 나무를 당신은 압니까?"
"모릅니다."
"그것은 도토리나무입니다. 당신은 도토리나무를 안다고 했고,
그 다음에는 모른다고 했으니 그것은 모순된 말입니다."

정의로운 삶

도덕과
윤리

진아는 저녁 식탁 앞에서 엄마와 아빠의 설전을 물끄러미 바라보기만 하다가 엄마와 아빠가 잠시 숨을 몰아쉬는 사이에 말문을 열었다.

"아빠와 엄마는 툭하면 감정까지 섞어가면서 자기주장을 너무 강하게 밀어붙이시는 것 같아요! 요즘엔 도덕*과 윤리*가 땅에 떨어질 때까지 떨어졌다는 데에는 두 분의 의견이 같으신 것 같고요. 두 분 숨좀 그만 몰아쉬시고 차분히 제 말씀을 들어 보세요. 비록 고등학교 1학년 여학생이지만 제 별명이 '퀴리 진아'거든요. 제가 독서광에다가 생각광이라는 사실 잘 아시죠?

두 분 주장은 다 옳아요! 엄마는 청소년의 도덕과 윤리가 땅에 떨어진 건 주로 부모의 가치관이 일차원적이라는 거죠? 그리고 아빠는 요새 청소년의 가치관이 방황하는 근거는 엄마보다 넓게 봐서 현대 문명의 자연스런 산물이라는 거죠?"

이때 아직 흥분이 가시지 않은 아빠가 큰 소리로 끼어들었다.

"지금 당장 우리 아파트 뒤편 벤치에 가 봐! 남녀 학생들이 꼭 붙어서 담배를 피우지 않나, 늦었으니 어서들 집에 가서 저녁 먹으라고 해도 들은 척도 안 하질 않나……. 하여간에 윤리 도덕이 땅에 떨어졌어. 이건 해결할 방법이 없어. 현대 문명과 현대 사회가 물질과 돈으로 치닫고 있으니 청소년의 가치관이 제대로 설 리가 없어!"

"여보, 현대 문명이니 현대 사회니 거창하게 떠들지 마요! 사실, 그게 다 부모 책임이에요. 우리 진아나 진수만 봐도 어른 모실 줄 알고 학교 선생님들과 친구들에게 예의범절이 깍듯하잖아요. 현대 문명과 현대 사회 탓만 하다 보면 청소년의 부모가 마땅히 지녀야 할 윤리 덕목을 못 볼 수 있어요."

"엄마, 저도 엄마 말에 찬성이에요. 그런데 엄마, 아빠! 두 분 말씀이 서의 비슷한 의미를 남고 있는 걸 왜 보시 못하세요? 가치관, 곧 윤리 도덕에 관해서 건전한 사고방식을 가지고 있는 사람들이 앞장서서 청소년의 가치관을 바로 심어 주고 이끌어 주면, 우리 청소년의 윤리 도덕도 땅에 떨어질 리가 없을 뿐만 아니라 현대 문명과 현대 사회의 윤리 도덕적인 성격도 밝아지지 않을까요?"

이때 아빠가 길게 한숨을 내쉬었다.

"진아야, 네가 내 딸이지만 어떤 때는 네 말을 듣고 깜짝 놀랄 때가 있단다. 고등학교 1학년밖에 안 된 내 딸이 벌써 저렇게 성숙한 생각을 할까, 하고 말이야……"

"아빠, 저도 이론적으로 윤리 도덕에 관해서 어느 정도는 알아요. 우리는 보통 윤리 도덕이라고 하는데, 사실 이 말은 도덕과 윤리로 나눠야 할 것 같아요. 도덕은 사회적 관습이니까 시대와 지역에 따라 다르잖아요. 예컨대 친구끼리의 인사방식 그리고 낯선 사람과의 인사방식 등은 지역과 시대에 따라 서로 다르니까요.

윤리는 도덕과 달리, 인간으로서 마땅히 지켜야 할 가치라고 생각해요. 예컨대 인간 평등은 윤리예요. 남자와 여자가 생리학적으로 다르긴 해도 인간존재로서는 똑같은 삶의 권리를 가지고 있으니까 서로 평등한 거죠."

이때 엄마가 입가에 환한 미소를 띠면서 진아의 말을 받았다.

"진아가 그동안 많이 성숙했구나. 진아 말대로 도덕은 지역과 시대에 따라서 독특해. 그렇지만 윤리는 보편적인 요소가 있어. 예컨대 과거 유럽인이나 미국 신대륙의 백인들이 흑인을 자기들과 똑같은 인간으로 대하지 않고 마치 짐승처럼 부려먹은 것은 분명히 윤리를 저버린 행위지."

현대 사회에서 우리는 도덕과 윤리의 방향감각을 상실하고 있다. 사회가 너무 복잡하고 어디에서나 무한 경쟁이 이루어지고 있다. 게다가 사회는 한 인간을 그의 사람 됨됨이(인격)에 의해서 평가하

지 않고 학력과 외모와 인맥과 가진 돈과 권력에 의해서 평가하는 경향이 강하다.

이런 상황에서 청소년들은 물질 지향적, 금전 지향적 그리고 출세 지향적인 가치관에 물들거나 아니면 복잡하고 골치 아픈 무한 경쟁으로부터 완전히 도피하려고 한다. 도피의 결과는 무엇일까?

일부 청소년들은 성폭력과 순간적인 성적 쾌락에 자신의 삶을 통째로 맡겨 버린다. 어떤 청소년들은 가출해 아르바이트를 하며 하루살이 인생을 보내면서 미래의 삶을 스스로 지워 버린다. 알코올과 흡연과 환각제 등은 순간적인 쾌락을 조금씩 연장하지만 언제나 고귀한 생명체를 멸망시키려고 검은 입을 벌리고 있다.

　도덕과 윤리가 땅에 떨어졌다는 말은 삶의 가치관이 상실되었다는 것을 뜻한다. 특히 청소년들의 도덕과 윤리가 땅에 떨어졌다는 사실은 청소년들의 싱싱한 정신적 가치가 벌레 먹어 시들어가기 시작했다는 것을 말한다. 청소년이 우리 사회의 미래를 책임지는 싹이라는 사실은 아무리 되뇌어도 너무나도 명백하다.

　현실적인 정의로운 삶과 정의로운 사회의 실현에 대한 작은 담론이 절실히 필요하다. 우리는 정의에 관한 작은 담론에 의해서 삶과 사회의 정의를 논할 수 있고 더 나아가서 청소년의 윤리 도덕에 관한 가치관을 함양시킬 수 있을 것이다.

플라톤은 고대 그리스의 철학자로서 소크라테스의 가장 두드러진 제자였다. 플라톤의 전체 철학 체계를 살펴보면 우리는 '철학은 윤리로부터 시작해 윤리에서 끝난다'라고 말할 수 있을 것이다.

길수가 오랜만에 컴퓨터를 켜 보니 수현이에게서 메일이 와 있었다.
"길수 오빠, 나 좀 급해서 이렇게 메일을 보내. 다음 주까지 플라톤의 정의론에 관해 과제물을 제출하라는 윤리 숙제야. 윤리 선생님께서 나한테 '수현이는 평소에 철학 책을 많이 읽으니까 이번 플라톤의 정의론에 관해 기대가 크다는 것 잊지 마라' 하고 말씀하셨어.

듀이나 루소 그리고 사르트르 등에 관해서는 나름대로 읽어 보았지만 플라톤은 대학에 가서나 읽으려고 했기 때문에 지금 너무 난감해. 정말 플라톤에 관해서는 그가 소크라테스의 제자이고 아리스토텔레스＊의 스승이라는 것 그리고 영원불변의 이데아＊를 주장했다는 것 외에는 아는 게 없어. 길수 오빠가 나보다 백배 아니 천배 이상 철학에 대해 많이 알고 있잖아? 오빠! 이번만 제발 부탁이야. 플라톤의 정의론에 대해 아주 쌈박하게 정리 좀 해 줘! 오빠 최고!"

길수는 한바탕 크게 웃고 나서 깊은 생각에 빠졌다. 지금은 고등학교 3학년생이라 철학 책을 접할 기회가 많지 않지만 작년까지만 해도 길수는 고대 그리스철학에 심취해 있었고, 무엇보다도 플라톤의 중요한 '대화편'들을 밑줄까지 쳐가면서 공부했다.

어느 정도 생각을 정리한 후 길수는 자세를 바로 하고 키보드를 두들기기 시작했다.

"수현아, 정말 이번만이다! 플라톤 철학의 목표는 우리 인간이 가장 바람직한 이상 국가에서 가장 선하고 정의롭게 사는 거야. 그래서 플라톤 철학의 핵심 주제를 윤리학＊이라고 하는 거지. 플라톤은 서양철학의 아버지라고도 할 수 있어. 사실 플라톤은 사물의 존재와 원리를 논하는 형이상학＊, 앎에 관한 인식론＊, 아름다움에 관한 미학＊, 인간

아리스토텔레스 (BC 384~BC 322)
지식을 형이상학, 자연과학, 사회학에서 실학까지 하나의 체계로 집대성한 고대 그리스의 철학자

이데아
모든 존재와 인식의 근거가 되는 항구적이며 초월적인 실재를 뜻하는 말로서 플라톤 철학의 중심 개념. 인간의 주관적인 의식, 곧 '관념'을 나타내는 말로 사용된다.

윤리학
인간 행위에 대한 도덕적인 가치 판단과 규범을 연구하는 학문

행동의 가치에 관한 윤리학 등을 모두 탐구했어. 수현이가 정의론을 알고 싶어 하니까 나도 다른 것들은 접어 두고 플라톤의 정의론을 네 말대로 쌈박하게 정리해 볼게.

플라톤에 의하면 인간이 영혼의 능력들을 최대한으로 발휘할 때 최고의 덕들을 가질 수 있어. 머리에는 생각하는 영혼의 능력인 이성이 있어. 가슴에는 감정(感情) 내지 정서(情緒)의 능력이 있고 배에는 욕구 능력이 있다는 것이 플라톤의 기본 생각이야. 영혼의 세 가지 능력들이 올바르게 사용되면 우리는 지혜와 용기와 절제를 가지게 되는 거야. 왜냐하면 이성적 사유(생각)는 지혜에 도달하고, 감정은 용기에 그리고 욕구는 절제에 도달하기 때문이지. 지혜와 용기와 절제는 세 가지 기본적인 덕이고 이 세 가지가 합해서 조화를 이룬 덕이 바로 정의야. 그래서 지혜와 용기와 절제는 기본적 덕이고 정의는 최고의 덕인 거야.

그럼 이제 국가와 정의에 관해서 알아볼까? 플라톤은 모든 인간이 선을 추구하면서 평화롭게 살아가는 이상 국가를 이 세상에 실현시키려고 했어. 그래서 그는 이상적 인간을 확대해서 이상 국가를 그려 본 거야. 플라톤은 인간이 영혼이 능력을 세 가지로 나눈 것처럼 국가를 형성하는 신분 계층을 세 가지로 나누었어. 국가에도 지혜와 용기와 절제에 해당하는 신분 계층이 있다는 거야.

첫째 신분은 국민을 가장 현명하게 지배할 수 있는 지혜를 갖춘 철학자나 왕이야. 둘째 신분은 전사나 파수꾼, 바로 무사 계급이지. 군인들은 용기의 덕을 가지고 백성을 안전하게 지키는 거야. 셋째 신분은 산업에 종사하는 농부와 어부와 선원들, 다시 말해서 생산자 계층이야. 국가에서도 세 종류의 신분 계층이 지혜와 용기와 절제의 덕을 최대한으로 발휘한다면 국가의 정의가 실현되어 인간은 선한 삶을 영위할 수 있다는 거야.

수현아, 플라톤 철학은 너무 무궁무진해서 말하자면 끝이 없어. 오늘은 나도 피곤하니까 여기서 끝낸다.”

플라톤의 정의론은 서양의 중세를 거쳐서 근대 그리고 현대의 정의론에도 지대한 영향을 미쳤다. 자칫 잘못하면 우리는 윤리적인 문제를 개인의 차원에서만 이야기하기 쉽다. 그러나 플라톤은 개인적 차원에서의 정의와 아울러 국가의 정의를 동시에 언급하면서 국가의 정의와 개인의 정의는 불가분의 관계를 맺고 있음을 강조했다.

21세기의 한국 사회를 살아가면서 우리는 여전히 인간 불평등과 자유의 제한 그리고 사회 곳곳에 남아 있는 불의 등에 접하면서 정의란 과연 어떻게 실현될 수 있을지에 관해서 고민하지 않을 수 없다.

늦은 봄날 오후였다. 참으로 몇 달 만에 진아는 아빠와 오순도순 이야기를 나누면서 집에서 가까이 있는 개천가 산책로를 따라 여유로운 걸음을 옮길 수 있었다.

"아빠, 사회정의에 관해서 도서관에서 여러 책을 뒤져 보고 생각을 정리해 보았는데도 잘 모르겠어요."

아빠가 진아의 어깨를 툭툭 두드렸다.

"진아야, 우리 어른들 책임이 크구나. 누구나 겉으로는 우리나라가 선진국 대열에 들어섰다고 주장하고 사회의 정의도 어느 정도 실현되었다고 말하지만 속으로는 우리 사회가 안고 있는 수많은 문제점을 다들 알고 있을 거야. 예컨대 가난했던 사람들이 국회의원이나 장·차관이 되어 몇 년 지나면 상당한 재산가가 되는 경우가 많지 않니? 물론 안 그런 사람들이 훨씬 더 많겠지. 의사나 변호사 그리고 큰 자산가들이 탈세를 위해 편법을 동원한다는 것은 누구나 다 아는 사실 아니겠어?"

"아빠, 사회의 양극화라는 말이 무엇을 뜻하는지 너무나도 잘 알겠어요. 저도 고등학교 1학년이 되고 비록 전문적이진 않지만 정치·경제·철학 책들을 이것저것 읽다 보니까 어느 정도는 감을 잡을 수 있어요. 마르크스가 말한 유산계급◆과 무산계급◆, 다시 말해서 자본가와 노동자 그리고 지주와 소작농의 갈등은 아니지만 현재 우리 사회에서는 가진 자와 못 가진 자의 양극화가 너무 심해요. 그래서 사회정의의 실현이 더 더욱 절실한 거겠지요."

"그래. 우리 사회도 21세기 현대 사회라 아주 복잡한 현상이 있어. 진아가 말한 것처럼 요새는 출판사 사장과 직원 모두가 못 가진 자일 수 있어. 가난한 출판사들이 아주 많단다. 그런가 하면 노동자라고 해도 고도로 숙련된 전문 노동자는 가진 자에 속한단다. 그래도 네가 말한 것처럼 양극화 현상은 너무 두드러져서 커다란 사회문제야. 양극화 현상 때문에 사회정의가 위험에 처해 있고 사회 곳곳에 문제가 쌓여 있어."

진아는 잠시 생각에 잠겼다가 다시 입을 열었다.

"아빠, 요새 쇠고기 수입 문제로 서울시청

앞이나 시청 광장에서 시민들이 촛불시위를 하는 것도 저는 사회정의를 실현하기 위한 행동이라고 봐요."

"그렇고말고. 그런데 진아야, 왜 그렇게 많은 사람들이 여러 날 동안 촛불시위를 하면서 쇠고기 수입 재협상을 외쳤는지 알고 있니?"

"좀 거창하게 말하자면, 인간에게는 생존의 권리가 있고 또 존 롤즈*라는 철학자가 말한 것처럼 공정함으로서의 정의(justice as fairness)*를 주장할 권리가 당연히 있어요. 우선 인간은 기본적인 자유에 대해 평등한 권리를 가지고 있어요. 그 다음으로, 사회적·경제적 불평등을 극복하기 위한 공정한 기회의 평등이 각자에게 부여되어야 해요. 그러니까 롤즈는 평등의 원칙과 차등의 원칙을 공정함으로서의 정의의 원리라고 했던 거예요."

"진아야, 네가 롤즈의 정의론을 정리하는 걸 보니 정말 놀랍다. 우리 사회의 의식도 많이 성숙했어. 전에는 시민들이 폭력시위를 하고 데모 대원들의 무질서한 모습을 많이 볼 수 있었어. 그런데 최근에는 질서정연하게 사회의 불의와 불평등을 촛불시위로 표현하는 경향이 늘었어.

쇠고기 수입 반대 촛불시위는 진아 말대로 사회정의를 실현하려는 행동의 표현이야. 삶의 자유에 대한 평등의 권리 표현이 바로 촛불시위야. 한국인들도 광우병에 걸리지 않고 건강하게 살 권리를 일본인이나 유럽인과 똑같이 가지고 있어."

"아빠, 촛불시위는 여러 가지 사회적인 그리고 정치·경제적인 의미를 가지고 있어요.

롤즈가 말한 공정함으로서의 정의가 우리 사회에는 많이 부족한 게 사실이에요. 자유에 대한 평등한 권리가 우선 부족해요. 가진 자와 못 가진 자의 양극화가 심해지니까 자유에 대한 평등한 권리가 망가지고 말아요.

게다가 사회·경제적으로 못 가진 자들의 차별을 최소화하기 위한 노력도 부족해요. 차별 내지 차등의 원칙이 적용되어서 못 가진 자도 가진 자와 마찬가지로 공정한 기회의 평등을 누릴 수 있는 사회가 되어야 해요. 그런데 양극화 현상이 너무 심한 데다 아직도 시민들의 공동체 의식 수준이 높지 않기 때문에 촛불시위가 때로는 과격해지기도 하는 것 같아요. 시민의 민주주의 의식이 성숙하기 위해서는 많은 노력과 긴 시간의 시행착오가 필요해요."

"진아야, 나도 내 딸에게 전적으로 공감한단다. 우선 우리는 독일 철학자 칸트◆가 말한 대로 타인을 나와 똑같이 수단이 아닌 목적으로 대해야겠지. 그러니까 우리 인간은 누구나 자유를 위한 평등권을 가지고 있어. 그리고 사회·경제적인 차별은 인정하지 않을 수 없지만 그런 차별을 극복하기 위해서는 누구에게나 기회의 평등권이 인정되어야겠지.

현재로서는 롤즈의 정의론이 가장 바람직한 것으로 생각되는구나. 롤즈는 플라톤, 아리스토텔레스, 로크◆, 벤담◆, 밀◆, 칸트 등의 정의론을 비판적 입장에서 수용해 자신의 고유한 '공정함으로서의 정의'를 전개했어."

생각해 볼 문제

❶ 우리는 도덕과 윤리를 똑같은 뜻으로 사용하는 습관이 있지만 도덕과 윤리는 서로 다른 것이다. 도덕과 윤리의 차이를 분명히 구분해 보자.

❷ 롤즈의 '공정함으로서의 정의'의 두 원칙은 무엇인지 그리고 그것들의 구체적인 예로는 어떤 것이 있는지 기술해 보자.

2장

인간 존재에 대한 고민

인간이란 무엇인가

병섭이는 일요일 새벽 아버지의 심부름으로 마산행 고속버스를 탔다. 오랜만의 여행. 고등학교 2학년이 된 후부터 '입시, 입시, 입시……' 어디에서건 되풀이해서 들려오는 소리에 질식할 것만 같은 생활이었다.

버스는 커다란 덩치를 기우뚱거리며 복잡한 시내를 빠져나와 어느 사이엔가 신갈 근처를 달리고 있었다. 스피커에서는 경쾌한 가요가 흘러나오고 있었다. 들판에는 벼가 누렇게 익어 황금물결 치고 있었다. 병섭이는 지나간 16년을 되돌아보면서 깊은 상념에 잠겼다.

'나는 누구일까? 도대체 인간이란 무엇인가? 저 들에 굴러다니는 돌 그리고 어디든지 스쳐 지나가는 바람은 무엇인가? 나는 무엇 때문에 지긋지긋하게 매일 똑같이 영어, 수학, 국어를 되풀이해서 외우고 읽으며 써야 하는 것일까? 인간은 바람이나 벌레나 짐승이나 풀과 과연 어떤 점에서 다르다는 말인가?'

문득 병섭이의 머리에는 어느 일요일 등산을 하면서 담임선생님이신 강 선생님이 병섭이의 의문에 대해 차근차근 설명해 주던 일이 떠올랐다.

"병섭아, 우리 인간은 우주에 살고 있어. 아니, 우주를 구성하고 있지. 어디 인간뿐인가? 무생물도 식물도 동물도 모두 우주를 이루는 거야. 그러니 모두가 자연이라고 해도 지나치지 않겠지. 그러나 인간에게는 다른 것들과 판이하게 다른 점이 있어. 우선 인간은 지성(知性)에 의해 생각함으로써 사회를 형성하고, 다음으로 인간에게만 독특한 예술과 학문과 종교와 도덕을 창조하지. 게다가 인간은 완전한 것을 바라기 때문에 무한히 발전하려고 노력하지."

병섭이가 이런 기억을 되살리는 동안 이미 가을 아침의 눈부신 태양이 온 누리를 힘차게 흔들어 깨워 놓고 있었다. 버스는 곧게 뻗은 고속도로를 신나게 달리고 있었다.

병섭이는 다시 등산길에서 강 선생님과 나눈 대화가 생각났다.

"선생님, 그래도 저에게는 인간에게만 부여된 고유한 특징이 무엇인지 얼른 뚜렷하게 떠오르지 않는데요."

"모든 것들이 자연이라면 풀과 벌레와 인간 사이에 무슨 차이가 있겠니? 그러나 풀은 풀이라고, 벌레는 벌레라고, 인간은 인간이라고 부르는 이유가 있지 않겠어?

사람에 따라서 이성을 또는 행동을 또는 정치를 인간만의 고유한 특징이라고 말한 것은 사실이야. 막스 셸러＊라는 독일 철학자는 다섯 가지 인간관을 예로 들었어. 종교적 인간, 생각하는 인간, 공작(工作)하는 인간, 디오니소스적 인간＊ 그리고 초인＊(超人)이 바로 다섯 가지 유형의 인간관이야."

"그러면 인간은 누구나 다섯 가지 특징을 모두 가지나요? 아니면 한 가지 특징만을 가지나요?"

"그것은 병섭이가 생각하기 나름이야. 선생님이 예로 든 건 인간이 주로 어떤 특징을 갖는지에 따라서 바라보게 되는 인간관이야.

신에게 모든 것을 의존하는 인간은 종교적이지. 그리고 이성을 인간의 본성이라고 보는 견해도 있어. 인간이 자연과학에 주로 의존한다고 보면 인간을 공작인＊(工作人)으로 보게 되지. 이성보다 의지를 삶의 근본적인 바탕으로 여기면 디오니소스적 인간관이 나타나. 디오니소스는 포도주의 신이고 힘을 상징해. 또, 만일 일상적인 인간을 초월해 자신의 삶을 스스로 자각해서 결단한다면 초인의 인간관을 갖게 되겠지."

"그런데 선생님, 그 모든 인간관들은 무엇을 의미하는 건가요?"

"글쎄, 간단히 말하기는 쉽지 않을 것 같다. 우선 각각의 인간관은 인간을 참답게 보지 못하고 단지 부분적으로만 보았다는 것을 이야기할 수 있을 거야. 다음으로는, 인간이 항상 불완전한 존재이니까 자기의 불완전함을 극복하기 위해 노력해야 한다는 의미도 들어 있다고 할 수 있지 않을까?"

"선생님, 그렇다면 그것은 인간의 이중성을 뜻하는 걸까요?"

"그렇지. 말하자면 인간은 노예와 주인의 두 측면을 가지고 있는데, 노예의 측면은 인간을 짐승이나 또는 짐승보다 못한 것으로 만들려고 하고, 주인의 측면은 인간을 더욱더 인간답게 드러낸다고 말할 수 있겠지."

"그렇지만, 제가 보기에는 노예나 주인이나 모두 참다운 인간상을 벗어난 것 같아요. 노예는 항상 비굴하고 복종할 뿐이고 이에 반해 주인은 언제나 오만하고 착취만 하니까요."

"병섭이의 말대로 사회에서는 그런 현상이 있을 수 있지. 그러나 선생님의 얘기는 각 인간 안에 숨어 있는 노예와 주인을 말하는 거야. 각자가 주인을 찾는다면 누구든지 자기의 노예가 되지 않고 자기의 주인이 되겠지. 사실 내가 나 자신의 주인이 된다는 것은 어려운 일이야."

버스는 벌써 대전을 들어서고 있었다. 병섭이는 강 선생님의 말을 곰곰이 되씹으면서 자유로운 여행의 주인이 된 자신을 돌아볼 수 있었다.

병섭이는 고속도로를 오가는 차량 행렬을 물끄러미 바라보면서 입속으로 중얼거리고 있었다.

'그래. 인간이 자신의 주인이 되지 못하고 노예가 될 때 그 인간이나 사회나 모두 비참한 노예 생활로 물들 거야. 항상 새롭고 싱싱한 자기를 만들 수 있는 나의 주인으로서의 인간이 얼마나 가치 있는 것인가!'

그림책에서 원시인들을 보면 그들은 거의 짐승에 가까운 모습을 하고 있다. 그들은 그대로 자연과 하나가 되어 있었으며 자연에 순응하면서 살았던 것이 확실하다.

자연은 원시인들이 의존할 수 있는 절대적인 세계였다. 그들은 산, 바다, 하늘 그리고 별, 달 및 태양을 신성한 것으로 여기고 그것들을 숭배했다. 자연은 원시인의 인식치이지 보금자리였다.

역사가 흐르면서 인간은 어떤 다른 존재보다도 가장 커다란 변화를 맞이하게 되었다. 인류의 역사를 돌아보면 그것은 마치 인간이 성장하는 과정과 비슷하다는 것을 알 수 있다.

젖먹이 갓난아이는 자연 그대로이다. 누구를 미워할 줄도 모르고 사물을 제대로 구분할 줄도 모른다. 어린아이들은 바깥세상을 호기심 가득한 눈으로 바라보며 아직 자기 자신을 판단할 능력이 없다. 아이들이 집 안이나 밖에서 제멋대로 행동해 어른들로부터 야단맞는 것을 자주 볼 수 있다. 이것은 아이들이 사리분별을 제대로 못하기 때문에 벌어지는 일이다.

하지만 사춘기에 접어들면 소년, 소녀들은 자신이 누구인지를 알고 싶어 하고 심각한 고민에 빠진다. 그들은 자신의 내면으로 깊숙이 파고 들어가므로 어떤 때는 자신과 세계를 온통 멋진 것으로 생각하기도 하고 또 어떤 때는 자신과 사회를 전혀 쓸모없는 것으로 여기기도 한다.

그러나 어른들은 자신의 내면과 바깥 세계를 조화시키려고 한다. 그들은 안에서는 모범적인 아버지와 훌륭한 남편으로 그리고 밖에서는 성실한 사회인으로서의 위치를 지키는 것이 가치 있다고 판단한다.

고대의 인간은 자연을 찬양하고 숭배한 반면, 중세의 인간은 종교에 몰두한 경향이 있다. 둘 다 아직 자기 자신의 내면을 명백하게 보지 못하고 있었다. 인류 역사의 청소년기는 근대와 아울러 싹텄다.

근대의 인간은 지금까지 자연과 신에게 종속되었던 자신을 바라보게 되었고 드디어 '인간은 무엇인가?'라는 물음을 던지게 되었다. 결국 인간은 자신이 노예가 아니라 창조의 힘을 지닌 주인이라는 사실을 발견한 것이다.

그런데도 인간은 자신의 참다운 모습을 쉽사리 망각한다. 자신의 주인으로서의 인간은 인생을 스스로 결단하므로 자유를 가지며 자유롭게 행동하기 때문에 책임의식도 함께 가진다. 오늘날 우리 주변에는 자기가 자신의 주인이라는 것을 망각한 사람들이 적지 않기 때문에 기계문명과 물질문명이 마치 가치의 척도인 양 그릇되게 생각되는 경향이 많은 것이다.

인간이 기계문명과 물질문명에 지나치게 물들면 자유라든가 책임 등은 무의미해지고 만다. 왜냐하면 행복을 돈이나 권력과 똑같은 것으로 생각할 수 있기 때문이다. 수단과 목적은 분명히 구분되어야 한다. 인생의 목적은 어디까지나 인간성과 행복이며, 물질이나 기계 그리고 경제는 어디까지나 수단이다.

선과 악 그리고 그릇됨과 참다움, 그름과 옳음을 제대로 구분할 수 없다면, 그런 사람은 참다운 인간상을 아직 갖추지 못한 사람이며 동시에 자기가 무엇인지를 모르는 사람이다.

자신이 자유롭다는 것을 깨달은 사람은 스스로 자신의 고유한 삶을 계획하고 결단한다. 우리는 흔히 '개성이 강한 사람'이라는 말을 듣는다. 하기야 개성이 없는 사람이 어디 있겠는가만은 오늘날에는 어떻게 보면 모든 사람들이 다 똑같이 개성을 상실한 것처럼 보인다. 진정한 개성을 지닌 인간은 어떤 사람일까?

그는 자유로운 사람이다. 자신의 노예로 사는 사람은 늘 속박의 그늘에서 신음하므로 부자유스럽고 개성도 없다. 그런 사람은 한없는 세월을 노예로 살거나 아니면 자신의 노예 상태를 용감하게 탈출하지 않으면 안 된다.

진정한 개성을 가진 인간은 누구인가? 그는 자신의 인생을 창조하는 사람이다. 청소년들 중 많은 이들이 부모의 강제에 의해 미술 학원

이나 피아노 학원에 다닌 경험이 있을 것이다. 그러나 그들이 그곳에서 무엇을 배웠는지 돌이켜 볼 때 어떤 것을 찾을 수 있을까? 약간의 기술은 배울 수 있을 것이다. 나의 내면 깊은 곳에서 용광로처럼 불타며 생물처럼 샘솟는 창조 정신이 없다면 아무리 열심히 학원에 다녀도 예술의 진면목(眞面目)을 체험할 수 없다.

그러므로 참다운 인간상은 개성에서 성립한다. 개성을 바탕으로 한 사람됨(인격)은 자유롭게 자신의 고유한 삶을 창조할 수 있다. 창조적인 삶만이 세계를 조화롭게 구성할 수 있다. 왜냐하면 참다운 인간상은 인간 내면의 창조적 힘에 의해 형성되기 때문이다.

생각하는 사람

혜숙이의 별명은 생각하는 사람이다.

혜숙이는 수업 시간 중에 언제나 턱을 괴고 있으며, 혼자 앉아 있을 때면 으레 턱을 괴고 있어서 이제는 혜숙이를 아는 사람은 누구나 혜숙이를 보고 생각하는 사람이라고 부른다.

혜숙이는 생김새나 학교 성적이나 모두 보통으로, 한눈에 탁 띄는 학생은 아니므로 그저 평범한 중학교 3학년 학생이다. 혜숙이에게 특징이 있다면, 남달리 책을 많이 읽고 가끔씩 툭 던지는 엉뚱한 질문으로 친구들을 당황하게 하는 것이다.

점심시간, 불타나게 도시락을 먹어 치우고 운동장으로 재잘거리며 우르르 몰려 나가는 여학생들, 그대로 책상에 엎드려 잠을 청하는 여학생들, 가수나 탤런트의 새로운 소식을 숨 가쁘게 털어놓는 여학생들. 혜숙이는 연예가 소식통들과 한패가 되어 또 턱을 괸 채 물끄러미 재잘대는 친구들의 이야기를 듣는다.

"애들아, 글쎄 그 가수가 벌써 몇 달 전부터 남자랑 살고 있었대."

"그건 다 아는 사실이야. 뭘 새삼스레……. 그보다도 저번 달에 막 끝난 연속극의 주인공으로 나왔던 탤런트 말인데, 글쎄 그 여자 코 성형수술한 거래. 증거가 있어."

이때 혜숙이가 끼어들었다. 혜숙이가 끼어들면 처음에는 반박하려고 벼르던 학생들도 어느새 토론에 참여해 열띠게 논쟁하게 마련이다.

"애들아, 참 재미있는 이야기지만, 우리 자신에 대해 이야기해 보지 않을래?"

"그래, 생각하는 사람. 너는 머리를 어느 미장원에서 잘랐니? 좀 더 바짝 깎아야 싱싱하게 생각하는 사람이 되지 않겠어?"

"경원아, 네가 언제나 남을 예리하게 관찰하고 평을 멋있게 한다는 건 다 알아. 그렇다면 네 자신도 한번 진지하게 분석하고 평가해 보지 그래?"

"그래, 그래. 혜숙이 말이 옳아. 과연 생각하는 사람다운 말이 아니니? 경원아, 너 자신을 비판해 봐."

친구들이 이구동성으로 말하자 경원이는 낯을 붉히면서 혜숙이를 노려보고 급한 볼일이라도 있는 듯이 교실을 나가 버렸다. 혜숙이는 턱을 괸 채로 친구들을 바라보았다.

"요새 내 문제는 사람과 짐승이 어떤 점에서 다른가 하는 거야. 말하자면, 인간의 고유한 특징을 알고 싶어."

“혜숙아, 그거야 물론 위대하신 네 별명처럼 사람은 생각한다는 것이 아니겠니?”

“효순아, 그 말이 맞아. 나는 소우주야. 그래 우리 모두는 소우주야. 나는 생각하니까 우주를 모조리 내 생각 안에 가질 수 있어.”

“그건 언젠가 들은 이야기야. 어디 너만 생각하니? 그렇다면 나도 소우주지. 아마도 너의 아버지가 철학 교수니까 너에게도 유전됐나 보다. 얘, 인간이 짐승과 다른 점은 요새 내가 두한이를 끔찍이 사랑하는 것처럼 사랑이 아니겠어?”

“사랑도 있지. 그렇지만 내 생각으로는 인간의 특징은 무엇보다도 자기반성 같아.”

“아무렴. 하루에 세 번 반성하라! 전번 일요일에 몰래 영화관에 갔었는데 네 말을 들으니 오늘 깊이 반성하게 되는데. 자, 그러면 나는 가장 인간답지?”

“미정아, 그런 반성은 도덕적 반성이라고 하는데, 그것도 반성은 반성이지. 그렇지만 자기반성이라는 것이 있어. 내가 무엇이고 누구일까? 너희는 누구일까? 사회와 자연은 무엇일까? 세계와 우주는 무엇이고 왜 있을까? 어느 책에 나오는 물음들인데 이런 생각들을 하는 것이 바로 자기반성이야.”

“혜숙아, 너는 과연 생각하는 사람이고 철학자답다. 제발 부탁하오니, 우리의 여린 골치를 더 이상 때리지 마소서. 애들아, 이제 밖으로 나가서 우리의 우상인 가수들에 대해 자기반성이나 하자.”

친구들 몇이서 왁자지껄 교실 밖으로 뛰쳐나가자 혜숙이는 제자리로 돌아와 턱을 괴고 생각의 꼬리를 물었다.

'그래, 어떤 사람이 그렇게 썼지. 인간은 단순한 환경이 아니라 환경에 적응하면서 또한 환경을 만들어 간다고. 어디 그뿐인가? 인간은 생각하는 자기를 대상으로 가질 수 있기도 해. 그렇다면 나는 나를 생각할 수 있는 거로군. 그렇지. 자기 자신을 멀리서 바라본다는 것은 인간이 노예 상태에서 벗어나 무엇에도 구속되지 않고 자유롭게 생각하고 결정할 수 있다는 증거이기도 해.'

이렇게 생각을 굴리고 있는 사이에 갑자기 어깨를 툭 치는 사람이 있어서 돌아보니 어느 사이엔가 담임선생님이 혜숙이 뒤에 서 있었다.

"혜숙이, 또 공상에 젖어 있니, 아니면 사색에 젖어 있니?"

"선생님, 너무 놀랐어요. 전 지금 제 자신을 멀리서 바라보고 있는 중이에요."

"그래? 하지만 혜숙아, 자신을 너무 멀리서 바라보면 곤란해. 왜인고 하니, 너무 멀리서 보면 아무것도 안 보이니까 말이야. 풀이나 벌, 그리고 새나 나비는 자기와 너무 가까이 있어서 자기를 바라보지 못하지. 사람도 그럴 수 있어. 그러나 자기를 너무 멀리서 보면 그때에는 공상에 빠지기 쉽단다."

혜숙이가 선생님의 말씀을 속으로 되새기는 사이에 수업을 알리는 벨 소리와 함께 학생들의 왁자지껄한 소리가 소란스레 들려왔다.

'나는 누구인가'라는 물음은 넓게 보면 '인
간은 무엇인가' 하는 물음과 같다고 볼 수 있다. 우리는 이 물음과 관
련해서 다음과 같은 대화를 생각할 수 있다.

"너는 누구냐?"
"나는 김개똥이다."
"김개똥이는 무엇이냐?"
"김막봉이의 둘째 아들로서 지금 고등학교 1학년생이고 키는 173센
티미터이며 몸무게는 68킬로그램이고 생김새는 보통이다."

이런 대화는 어떤 사람의 사람다운 내면을 밝혀 주지 못하고 단지 겉모습만을 보여줄 뿐이다.

그렇다면 이제 또 다른 형태의 대화를 살펴보자.

"당신은 무엇입니까?"

"나는 인간입니다."

"당신은 어떤 인간입니까?"

"나는 보통 흔하게 볼 수 있는 인간입니다. 나는 공무원으로 계시는 아버지와 살림하시는 어머니 사이에서 장남으로 태어나서 평범하게 살아온 고등학교 3학년 학생입니다.

나는 고민하는 인간입니다. 대학 입시는 바짝 바짝 다가오고, 부모님은 내색하시지 않지만 명문대학교의 인기학과에 꼭 붙기를 애타게 바라신다는 것을 잘 알고 있습니다.

나는 어리석은 고등학생입니다. 지긋지긋한 입시 과목을 그토록 지루하게 듣고 있어도 제대로 이해하지 못해서 주먹으로 머리통을 쥐어박고, 또 어떤 때는 하도 답답해서 이마를 벽에 쾅쾅 부딪치기도 하는 어리석은 학생입니다.

그래도 나는 희망에 찬 미래를 꿈꾸는 사람입니다. 앞으로 유전공학을 전공해서 식량문제를 해결하고 인류의 질병을 치료할 원대한 계획을 품은 야심 많은 학생입니다."

이 대화에서 우리는 '나' 그리고 인간이 무엇인지 밝혀졌다고 생각할 수 있을까? 여기에서도 역시, 인간의 외면적인 것만 언급되었을 뿐이다.

사실, 나의 내면을 깊이 바라본다는 일은 어려운 일이며, 흔치 않은 일이기도 하다.

우리의 몸에 익숙한 것은 에리히 프롬*이 말한 것과 같이 '자유로부터 도피'하는 것이다. '자유로부터 도피'하는 것은 바로 '내면으로부터 도피'하는 것이다. 우리의 내면은 언제나 책임과 연결되어 있다. 따라서 내면을 바라볼 때 이미 책임의식이 뒤따른다.

하루하루를 그저 그렇게 지내는 사람에게 책임이란 귀찮고 번거로운 짐에 지나지 않는다.

나의 내면을 깊이 바라본 사람만이 자기 자신을 찾을 수 있으며, 그런 사람은 책임이 소중한 보물이라는 것을, 또한 책임이 곧 자유의 밑거름이라는 것을 알 수 있다. 그러나 겉모습에만 치중하는 사람은 항상 자유와 책임을 소리 높여 외치는 것 같아도 실상은 책임을 두려워하며 자유로부터 도피한다.

더욱이 오늘날의 우리 사회는 내면을 찾을 수 있는 기회를 빼앗기 때문에 우리는 습관적으로 우리 내면의 책임과 자유로부터 멀리 도망갈 수밖에 없다.

즉석 문화를 우리는 도처에서 발견한다. 어디에서나 쉽사리 인스턴트식품을 구할 수 있다. 가까운 거리를 가더라도 버스와 택시와 전철이 편히 실어다 준다. 돈이 그리고 기계가 모든 것을 해결해 주며, 더욱이 남들이 나의 일을 대신 해결해 준다.

어린 시절부터 이미 우리 대부분은 '나'를 까마득히 잊어버리고 살아간다.

"너 어디 가니?"
"피아노 학원에."
"그 다음에는 무엇을 하니?"
"미술 학원에 가야 해."

아이는 아이대로 사는 것이 아니라 부모의 뜻에 따라 살아간다.
"고등학교 졸업하면 어떻게 할 거니?"

"우스운 질문이야. 대학엘 가야지, 뭘 어떻게 해."

과연 고등학생으로서 스스로 결단해 대학에 가야 할지를 깊이 생각해 본 사람이 몇이나 될까?

"대학 졸업하면 어떻게 할 거니?"
"군대 갔다 와서 취직하고 그리고 결혼 해야지."

과연 젊은이로서 결혼을 해야 할지 안 해야 할지를 심각하게 생각해 본 사람이 몇이나 될까?

남들이 학원에 다니니까 나도 다니고, 남들이 대학에 가니까 부모가 가라고 하니까 대학에 가고, 남들이 장가가고 시집가니까 나도 장가가고 시집가고……. 내가 내 인생을 살아가는 것이 아니고 남이 내 인생을 살아가므로 결국 내 인생은 엉망진창이 될 수밖에 없다.

그래도 여전히 우리가 바람직한 삶을 희망하며 옳고 훌륭한 사람을 존경하는 이유는 어디에 있을까? 그것은 아직도 우리가 돈이나 기계가 절대 목적이 아니라 수단이라는 것을 알고 있기 때문이다.

만일 무력이나 권력 또는 돈이나 기계가 지금보다 인간의 자유와 결단을 더 빼앗아 버린다면 우리의 삶은 황폐한 사막에 불과할 것이다. 우리는 자신을 멀리서 객관적으로 바라보고 행동할 수 있는 자유를 가지고 있다.

인간은 근본적으로 자유롭기에 자신을 반성할 줄 알며, 새로운 삶을 힘차게 추구하고 또한 삶과 세계의 근원을 찾는다.

자유야말로 인간을 인간답게 만드는 풍요로운 삶의 힘이다.

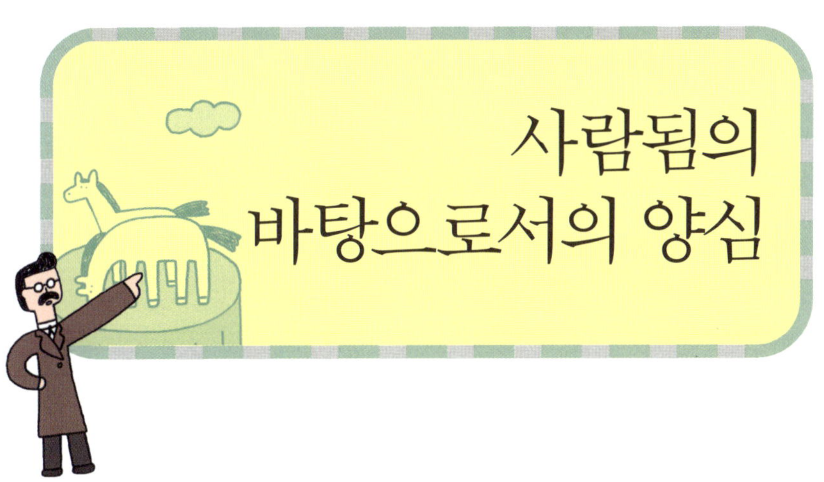

가장 많이 쓰는 말 중의 한 가지가 양심이다.

"여러분, 우리 모두가 잘 알듯이 학생은 학생다워야 합니다. 특히 여고 2학년생이면 학생답고도 여성다워야 합니다. 만일 여러분이 저를 반장으로 뽑아 주신다면 저는 가장 양심적으로 학급을 운영할 것이며 양심에 어긋나는 일은 전혀 하지 않을 것입니다."

누구나 양심이라는 말을 자주 쓰지만, 자세히 살펴보면 양심이라는 말처럼 애매모호한 말도 드물 것이다.

“네가 어제 놀이공원에 가자고 약속했잖아? 그런데 오늘 와서 못 간다고 하다니, 너는 양심도 없니?”

“당신 가슴에 손을 대고 양심에 물어 보세요. 집안 식구들끼리 등산 가기로 한 게 벌써 두 달 전이에요. 어쩌면 그렇게 양심에 어긋나는 일을 밥 먹듯 해요?”

“저는 어제 철민이의 볼펜 한 개를 몰래 가졌습니다. 제 볼펜이 마침 떨어져서 쓸 것이 없었기 때문입니다. 아무리 그렇더라도 말도 하지 않고 가졌기 때문에 양심의 가책으로 인해 도저히 견딜 수 없어서 오늘 이렇게 말하고 철민이에게 돌려줍니다.”

내가 나를 바로 바라볼 수 있는 것은 무엇 때문일까? 우리 사회가 거짓말이라든가 절도 또는 사기나 살인 등을 허용하지 않고 더욱이 법으로 금지하는 이유는 무엇 때문일까?

친구에게 책을 빌리고 내일 꼭 돌려주기로 약속했는데도 돌려주지 않을 경우 친구는 화를 낸다. 그럴 만한 사정 때문에 돌려주지 못하고 하루 더 연기하자고 조르면서도 빌린 사람은 속으로 미안하고 쑥스럽다.

“오늘 돌려주기로 했으면 반드시 돌려줘야지. 너는 어떻게 된 애가 양심도 없니? 양심에 찔리지도 않는 모양이구나.”

“다 보지 못해서 그렇다니까. 나라고 왜 양심이 없겠니? 나도 양심이 있다고. 내일은 무슨 일이 있어도 돌려줄게.”

우리는 자기 편한 대로 양심이란 말을 쓰는 것일까? 두 사람이 전혀 모순되는 주장을 하면서 양심의 가책이 없다고 한다면 그런 경우 양심이란 무엇일까?

"사람을 이렇게 때리다니 너는 양심도 없니? 내가 약속을 못 지킨 것은 그럴 수밖에 없었기 때문이야. 내 양심은 떳떳해."

"나는 네 약속을 철석같이 믿고 한 시간 이상 기다렸어. 네가 빰을 맞은 것은 당연한 일이야."

어떤 정신분석학자는 양심을 어린 시절에 학습된 것으로 본다. 즉 부모와 식구들의 도덕적 가치관이 어린아이에게 깊이 스며든 것이 양심이라는 것이다. 아버지가 늘 큰소리만 치는 사람이면, 아이는 큰소리치는 것을 당연한 것으로 생각하게 된다. 만일 어른들이 조심스럽고 소심하면 아이는 그렇게 하는 것이 옳다고 생각한다. 그러나 이런 정신분석학의 입장에도 역시 문제는 있다.

그렇다면 인간은 본성이라는 것이 없고 모든 것을 습관적으로 배워서 갖추게 되는 것인가? 인간은 본성을 가지고 있으면서 습관에 의해 배우면서 성장한다고 보는 것이 무리 없는 견해일 것이다.

그러면 인간의 본성은 무엇일까? 이성일까 아니면 감정일까 또는 의지일까? 이성이나 감정이나 의지 모두 인간의 본성에 속한다고 말할 수 있지만 이들 모든 것이 있을 수 있는 근거는 역시 양심인 것 같다.

양심 없는 인간을 상상할 수 있을까? 돈이 아쉬워서 어린아이를 유괴한 범인의 예를 보자. 어느 유괴범이 천진난만한 어린아이를 꾀어 이리 저리 끌고 다니면서 부모에게 공갈 협박해 돈을 얻으려고 했다. 드디어는 울며 집에 보내 달라고 애걸하는 아이를 잔인하게 숨지게 했다. 경찰에 자수한 다음에도 자기는 아이를 죽인 것이 아니라 다른 사람이 시킨 것이라고 우겼다.

누구든지 이 유괴범을 보고 지독히 악한 사람이라고 말하지 않겠는가? 그렇다면 이 유괴범이 아이를 유괴한 다음부터 줄곧 마음이 즐거웠을까? 그리고 자수하고 거짓말하면서도 기쁜 마음이었을까? 결국 모든 사실을 털어놓으면서 이 유괴범은 왜 그토록 많은 눈물을 흘리지 않으면 안 되었던가?

나는 항상 나 자신을 부르며 그 부름을 듣는다. '생각하는 것'은 인간만의 특징이다. '생각하는 것'은 나 자신에 대한 부름이자 들음이다.

우리는 그저 맹목적으로 부르고 듣는 것일까? 결코 그렇지 않다. 우리는 내면의 저 깊숙한 밑바닥에 있는 양심의 힘에 의해 자신을 부르고 들을 수 있다.

그렇다면 우리는 어떻게 자신을, 남을, 그리고 자연과 세계를 부르고 들을까? 학문으로써, 예술로써 그리고 종교로써 우리는 자신과 자연과 세계를 부르며 듣는다.

우리가 충만한 양심의 힘에 의해 옳게 자신과 자연과 세계를 부르고 들을 때, 우리는 아름다운 예술을 창조하고 참다운 학문을 구성하며 경건한 종교를 지니게 된다. 그때 우리는 미래지향적인 문화를 창조하며 바람직한 삶 그리고 열린사회의 길을 향해 걸어갈 수 있다.

그러므로 내면의 양심을 망각한다면 우리는 한낱 짐승에 지나지 않는다.

아득한 지구의 역사를 돌이켜 보면 인간
은 한 포기 갈대나 한 방울의 이슬과도 같은 하찮은 존재이다. 그런데
온 천지가 얼음으로 뒤덮인 빙하기와 빙하기 사이의 몹시 짧은 따뜻한
시기에 우연히 생겨나서 오늘날 생물 중 가장 큰 힘을 과시하고 있는
것이 바로 인간이다. 눈을 돌려서 우주를 바라보고 다시 인간을 바라
보자. 태양계와 태양계가 모여 우주를 이루고 우주들이 모여 다시 대
우주를 이룬다. 우주에 비해 지구라는 땅덩어리는 조그마한 먼지도 안
될 텐데 하물며 인간은 어떻겠는가?

기나긴 역사를 알고 또 넓디넓은 우주를 본다면 인간은 자신을 올바
르게 바라보고 성실한 삶을 색칠할 수 있을 것이다.

그러나 대체로 인간은 '우물 안 개구리'로 지내다가 죽음이 다가올 순간에야 비로소 자기가 얼마나 무가치하고 무의미한 존재인지를 깨닫게 된다.

우리를 참으로 슬프게 하는 것은 어른의 얼굴과 눈빛을 가진 청소년이다. 많은 청소년들이 황금만능주의*의 야릇한 색깔과 향기에 도취되어 주름진 얼굴에 희미한 눈빛을 하고 있다.

학교 주변에서 다른 학생들의 좋은 옷이나 신발 그리고 돈까지 협박과 공갈로 탈취해 가는 청소년들을 보면 세상이 온통 깜깜해지는 느낌을 받게 된다. 황금만능주의의 우물 안에 갇힌 청소년들은 그 안에서 무엇을 배우고 어떻게 행동하는가?

그들의 미래는 어떤 흉측한 모습으로 입을 커다랗게 딱 벌리고 그들을 삼켜 버리려 하고 있을까?

돈과 함께 오늘날 우리 인간을 위협하는 또 하나의 두려운 것은 기계문명이다. 황금만능주의와 함께 기계 만능주의가 인간의 삶을 질식할 정도로 억누르고 있으며 그 두 가지는 인간을 허수아비와도 같이 제멋대로 이리 저리 끌고 다닌다. 기계 만능주의는 우리가 인생에 대해 깊이 생각하는 것을 무가치하게 만든다.

컴퓨터를 모르면 바보처럼 당하는 세상이다. 긴거리의 즐비한 자동차는 쉽사리 우리를 목적지까지 실어다 준다. 세탁기가 빨래를 해 주고 진공청소기가 청소를 해 준다. 머리 아프게 암산하는 대신 계산기가 척척 계산해 준다. 최근 스마트폰은 거의 만능기계로 여겨지고 있다.

돈과 기계만 있으면 안 되는 것이 없는 세상이 되어 버린 것일까?

서로를 아끼고 사랑하며 존경하고 용서해 주는 인간의 따뜻한 사람됨은 이젠 이 세상에 더 이상 없는 것일까?

‘우물 안 개구리’가 우물을 뛰쳐나와 신선한 샘과 넓은 들을 마음껏 돌아다닐 때 그 기분은 어떨까? 청소년은 젊음의 힘이 지나치게 강하기 때문에 자칫하면 극단적 이기주의자가 되기 쉽다. 청소년의 비뚤어진 행동은 우선은 돈과 권력과 기계를 으뜸으로 여기는 사회 풍조에 원인이 있고, 다음으로는 넓게 보지 못하고 방향감각을 상실한 젊음의 힘에도 원인이 있다. 만일 청소년들이 자기들이 지닌 무궁무진한 젊음의 힘을 옳게 사용할 줄 안다면, 그들은 축복받은 열린 삶을 이끌어 나갈 수 있을 것이다. 그러면 청소년들은 어떻게 그들의 힘을 올바르게 사용할 수 있을까?

“애야, 공부 좀 해라. 배워야 남보다 잘 살고 번듯한 직장도 가질 수 있지 않니?”

“왜 공부, 공부 머리 아프게 말씀하세요? 공부하지 않아도 얼마든지 훌륭하게 된 사람들도 있어요. 엄마, 아빠는 공부 잘했나요?”

젊음의 힘은 참을 줄 모르고 아무것에나 반항하게 마련이다.

“그래? 그렇다면 매일 놀아라. 아예 책은 집어 치우고 잠도 자지 말고 놀아. 나도 모르겠다. 네 마음대로 해.”

“엄마는 매사에 저렇다니까. 제가 아무렇게나 되어도 좋단 말이군요. 엄마는 나한테 전혀 관심이 없다는 거 다 알고 있어요."

어쩌자는 말인가? 젊음은 멋대로 부는 바람과도 같으며 끝없이 타오르는 화산과도 같다. 그러나 청소년은 역시 인간이다. 냉정하게 자기 자신을 바라볼 수 있을 때, 그 젊은이는 비로소 성숙한 청소년이 될 것이다.

한 술 밥에 배부를 수 없다. 지글지글 타오르던 불꽃이 저절로 순식간에 사그라질 수 없다. 세차게 불던 바람이 눈 깜짝할 순간에 잠잠해질 수 없다.

청소년들은 성장의 고통을 체험하면서 한 인간으로 성숙하게 된다. 그러므로 청소년들은 남과 사회와 세계에 대해 불평과 불만을 터뜨리면서 동시에 자기 자신에 대해서도 울분을 토하지 않을 수 없다. 그러면서 청소년들은 삶의 조화롭고 아름다운 면을 볼 줄 알게 될 때, 열린 사회를 구성하는 참여자가 될 수 있다.

요사이 신문이나 텔레비전에 청소년들의 끔찍한 행동이 부쩍 많이 보도되어 가슴을 섬뜩하게 한다.

황금만능주의와 기계중심의 산업사회가 한편으로는 삶을 풍요롭게 해 주지만, 또 한편으로는 가치관을 일차원적으로 만들어 버리기 때문에 가치관의 혼란이 사회를 지배하게 된다.

젊음의 힘을 밖으로 뻗으면서 문학과 예술과 종교를 직접 접하고 남과 가능한 많은 대화를 함으로써 청소년들은 자기들만의 좁은 우물에서 뛰쳐나올 수 있을 것이다.

남과 대화하고 나아가서 자연과 예술과 종교와 대화하기를 거부하는 젊은이가 있다면, 그런 젊은이는 삶을 마구 살아갈 뿐이다. 대화 속에서 우리는 믿음의 관계를 익혀 갈 수 있다. 나만 믿는 것이 아니라 남과 자연과 예술 그리고 종교를 믿을 때 비로소 내 안에서 사랑의 감정이 싹트기 시작한다.

방황하는 청소년들은 아직 믿음과 사랑을 모르는 젊은이들이다. 참고 기다리며 믿을 줄 아는 청소년들과 그렇지 못한 청소년들을 비교해 보자.

빈 그릇만이 물을 가득 채울 수 있다. 이기심으로 가득 찬 마음을 비우는 젊은이만이 미래의 꿈과 야망을 그리고 아름답고 찬란한 사랑의 샘물을 가득 채울 수 있을 것이다.

생각해 볼 문제

❶ 다섯 가지의 인간관, 즉 종교적 인간, 생각하는 인간, 공작하는 인간, 디오니소스적 인간 그리고 초인에 있어서 각 인간관은 무엇을 뜻하는가?

❷ 나는 어떤 인간관을 지지할 것인지 생각해 보자.

❸ 다섯 가지 인간관 모두에 반대한다면 그 이유는 무엇인지 명확하게 지적해 보자.

❹ 다섯 가지 인간관을 반대한다면 나는 어떤 인간관을, 왜 주장하는지 말해 보자.

❺ 인간이 자연과 다른 가장 큰 이유는 무엇인가?

❻ 인간은 누구나 주인과 노예의 두 가지 측면을 가지고 있다. 내가 나의 주인이 될 경우는 어떤 때인지 그리고 내가 나의 노예가 될 경우는 어떤 때인지 알아보자.

❼ 참다운 인간은 자신의 주인인지 아니면 자신의 노예인지 토론해 보고 그 이유를 지적해 보자.

❽ '자유로부터 도피'한다는 말이 있는데 이에 관한 구체적인 예를 들어 보자. 여러 가지 형태의 자유가 있을 수 있다. 어떠한 자유가 정당한지 토론해 보자.

❾ 우리는 양심을 도덕적인 것으로 생각한다. 도덕적인 것을 초월하는 양심이 있는지, 만일 있다면 어떤 것인지 생각해 보자.

인간은 말하는 존재이다

언어의 현상

만일 사람에게 언어가 없다면 우리의 삶은 어떤 모습일까? 아직 언어를 갖지 못했던 원시인들은 말과 글이 없었으므로 짐승과 다를 것 없이 살았을 것이다.

언어는 '알려지지 않은 채 신뢰받는 것'이다. 왜냐하면 우리는 보통 말과 글을 너무나도 명백하게 알고 있는 것처럼 일상생활을 살아가고 있기 때문이다. 아우구스티누스◆가 『고백록』◆에서 시간에 관해 다음처럼 말한 것은 바로 언어에도 해당한다.

만일 아무도 나에게 묻지 않는다면 나는 그것을 안다. 그러나 내가 그것을 어떤 질문자에게 대답해야 한다면 나는 그것을 알지 못한다.

우리는 모두 일상생활을 잘 알고 있는 것처럼 행동하며 더욱이 일상적 삶을 등잔 빛처럼 환한 것으로 생각한다. 그러나 자세히 들여다볼 경우 일상생활은 애매하기 짝이 없으며 한 치도 내다볼 수 없는 짙은 안개로 덮여 있다.

지구상에 존재하는 모든 인종은 저마다 고유한 언어를 가지고 살아간다. 언어는 인간을 다른 존재들로부터 구분해 줄 뿐만 아니라 인간을 인간이게끔 한다.

그러나 일단 언어 현상을 깊이 음미해 보면 우리는 아우구스티누스가 시간에 관해서 지적한 것과 똑같은 난점에 직면해 당황하게 된다. 그러므로 우리는 이렇게 고백하지 않을 수 없다.

"만일 아무도 언어에 관해 나에게 묻지 않는다면 나는 그것을 안다. 그러나 내가 그것을 어떤 질문자에게 대답해야 한다면 나는 그것을 알지 못한다."

언어는 확실히 이중의 성격을 가진다. 우선 우리는 일상생활에서 언어에 관해 잘 알고 있는 것처럼 말하고 행동한다.

그러나 다음으로 우리는 언어의 본질에 관해 아무것도 모른다. 언어의 본질에 관해서 아무것도 모르면서도 언어를 친근하게 신뢰하므로 우리는 이렇게 말한다.

"너 오늘 그 영화 봤어?"

"응, 비교적 재미있었어. 그러나 중반 이후는 내용이 공허했어."
"나하고는 다르구나. 나는 오히려 끝 부분이 흥미로웠어."

이렇게 대화하는 사람들에게 언어가 도대체 무엇이냐고 묻는다면 그들은 적절한 답을 찾기 힘들 것이다.

우리는 일상생활에서 깊이 신뢰하지만 언어의 본질은 제대로 파악하지 못하고 있다. '등잔 밑이 어둡다'는 말이 있다. 등잔은 모든 것을 밝혀 주면서도 그 밑은 어둡다. 말에 있어서도 마찬가지이다. 우리는 일생 동안 말하면서 살고 있지만 말(언어)이 무엇인지는 제대로 알지 못하고 있다.

언어는 인간을 인간이도록 해 주는 일종의 기적일 뿐만 아니라 인간이 인간답게 살 수 있게끔 해 주는 더할 나위 없는 은총이기도 하다.

언어는 우선 우리가 감각에 의해 지각할 수 있는 기호이며, 다음으로 필연적으로 사고(思考) 작용을 동반하며, 마지막으로 대상이나 사태를 직접 또는 간접으로 지시한다. 이와 같은 세 가지 특징을 갖지 않은 것은 언어가 아니라고 말할 수 있다.

언어는 소리 나는 말이나 글로 나타나므로 우리는 귀로 말을 듣거나 눈으로 글을 읽음으로써 머리로 생각하게 되어 말이나 글이 어떤 대상이나 사태를 지칭하는지 알게 된다. 단순한 외침이나 휘파람, 나팔 소리 또는 앵무새의 소리 흉내 등은 시끄러운 잡음과 마찬가지로 언어일 수 없다.

내가 듣거나 말하는 소리 안에서 대상과 의미에 대한 나의 의도가 완성될 경우에 비로소 언어가 존재한다. 내가 그처럼 소리 안에서 나와 떨어져 있는 대상을 생각하고 있는 사실은 언어의 근본 현상이다. 내가 말하는 소리는 소리 이상(理想)일 뿐만 아니라 소리 형상(形象)이다.

이것은 야스퍼스*의 말이다. 이 말에 의하면 단순한 소리는 언어가 될 수 없고 언어가 원리의 역할을 하는 음(音)만이 언어로서의 글이나 말이 될 수 있다.

한 층 더 상세히 살펴보면 언어는 외적 관계

와 내적 관계를 가진다. 외적 관계는 감각이며 내적 관계는 사고(思考)
이다.

다음 시에서 우리는 언어가 감각이나 사고와 얼마나 밀접한 관계를
맺고 있는지 잘 알게 될 것이다.

저 재를 넘어가는 저녁 해의 엷은 광선들이 섭섭해합니다.

어머니, 아직 촛불을 켜지 말으셔요.

그리고 나의 작은 명상의 새 새끼들이

지금도 저 푸른 하늘에서 날고 있지 않습니까?

이윽고 하늘이 능금처럼 붉어질 때

그 새 새끼들은 어둠과 함께 돌아온다 합니다.

언덕에서는 우리의 어린 양들이 낡은 녹색 침대에 누워서

남은 햇볕을 즐기느라고 돌아오지 않고

조용한 호수 위에는 인제야 저녁 안개가 자욱히 내려오기 시작하였
습니다.

그러나 어머니, 아직 촛불을 켤 때가 아닙니다.

높은 산의 고요히 명상하는 얼굴이 멀어 가지 않고

머언 숲에서는 밤이 끌고 오는 그 검은 치맛자락이

발길에 스치는 발자국 소리도 들려 오지 않습니다.

멀리 있는 기인 둑을 거쳐서 들려오는 물결 소리도

차츰차츰 멀어갑니다.

그것은 늦은 가을부터 우리 전원을 방문하는 까마귀들이 바람을 데
리고 멀리 가 버린 까닭이겠습니다.

시방 어머니의 등에서는 어머니의 콧노래 섞인

자장가를 듣고 싶어하는 애기의 잠덧이 있습니다.

어머니, 아직 촛불을 켜지 말으셔요.

인제야 저 숲 너머 하늘에 작은 별이 하나 나오지 않았습니까?

─신석정◆, 「아직 촛불을 켤 때가 아닙니다」 전문

우리는 '저 재를 넘어가는'이라는 첫 머리부터 '별이 하나 나오지 않
았습니까?'의 끝 구절까지는 눈으로 읽으면서 동시에 생각한다. 생각
은 두 가지로 구분될 수 있다. 좁은 뜻의 생각은 수학적, 곧 형식논리
적인 사고이다. 그러나 넓은 뜻의 생각은 느낌, 상상, 합리적 생각 등
모든 것을 포함한다.

감각과 사고가 맞부딪혀서 언어가 구성되며 거꾸로 언어에 의해 감
각과 사고가 만나서 언어의 의미가 떠오른다. '저녁 해의 엷은 광선',
'고요히 명상하는 얼굴', '우리 전원을 방문하는 까마귀' 등은 무의미
한 기호가 아니라 생생한 대상의 모습과 그 모습에 대한 인간의 넘쳐
흐르는 느낌이 담겨 있는 의미 있는 언어로서
의 글이다.

시골에 살아 본 경험이 있는 사람이라면 '하
늘이 능금처럼 붉어질 때', '멀리 있는 기인
둑', '저 숲 너머 하늘에 작은 별' 등의 그림이
눈앞에 삼삼할 뿐만 아니라 그 의미 또한 가슴

깊숙이 와 닿는 것을 알 수 있을 것이다.

　그렇다면 언어는 감각과 사고의 유기적 관계에서 성립한다. 그러나 언어가 제아무리 풍부한 대상의 의미를 담고 또한 대상을 지칭한다고 할지라도 언어는 어디까지나 기호라는 사실을 잊어서는 안 된다.
　우리는 사고에 의해 기호를 구성하며 또 한편 언어라는 기호는 우리의 사고를 구성한다. 다음의 시에서 우리는 언어와 사고의 순환 관계를 알 수 있다.

　　나 보기가 역겨워
　　가실 때에는
　　말없이 고이 보내 드리오리다.

　　영변에 약산
　　진달래꽃
　　아름 따다 가실 길에 뿌리오리다.

　　가시는 걸음 걸음
　　놓인 그 꽃을
　　사뿐히 즈려 밟고 가시옵소서.

　　나 보기가 역겨워
　　가실 때에는

죽어도 아니 눈물 흘리오리다.

—김소월, 「진달래꽃」 전문

나의 사고(생각)는 '나 보기가 역겨워 가실 때에는'이라는 기호를 구성한다. 이 기호는 정지해 있는 것이 아니라 꿈틀거리는 생명력을 가지고 나의 사고를 다시 구성해 준다.

그리하여 나의 사고는 '말없이 고이 보내 드리오리다'라는 내용을 다시금 언어로 구성한다. '영변에 약산 진달래꽃'부터 '사뿐히 즈려 밟고 가시옵소서'까지를 보면 언어와 사고는 서로 움직이면서 순환적으로 상호 구성하고 있음을 쉽게 알 수 있다. 이렇게 보면 '언어는 사고의 집'이 아닐 수 없다.

인간은 사고하기 때문에 다른 존재와 구분되며 인간이 사고한다는 사실은 언어 현상에서 증명된다.

말과 생각

신화나 전설 또는 동화를 읽노라면 풀이나 나비 그리고 바위나 해와 달까지도 말을 한다. 그러나 그것들은 사람이 자기편에서 의인화(擬人化)했기 때문에 말할 줄 아는 것으로 나타나는 것이다.

언어(말과 글)는 오로지 인간만의 고유한 현상이다. 생각에 의해 대상이나 사태가 구성될 때 언어는 비로소 의미를 가지게 된다.

사고는 대상과 사태를 구성하며 창조하는 인간의 힘으로써 대상과 사태에 의미를 가져다준다. 따라서 사고에 의해 직접적으로 구성되는 언어 역시 대상과 사태를 부차적으로 구성하고 형태화한다.

다음의 예에서 우리는 언어와 사고의 밀접한 관계를 쉽사리 알 수 있다. '비데오(video)'라는 라틴 어가 있다. '내가 본다'라고 누가 말하면 우리는 모두 이해한다. 그러나 라틴 어를 모르는 사람에게 '비데오'라는 단어는 낯설거나 아니면 무의미하다. 왜냐하면 이 단어에 있어서 아직 그의 사고와 언어의 긴밀성이 드러나지 않고 숨겨져 있기 때문이다.

그러나 그가 '비데오'는 '내가 본다'는 뜻을 가지며 그것의 동사 원형은 '비데레(videre)'라는 것을 알게 되면, 그에게 지금까지 숨겨져 있던 언어와 사고의 긴밀성은 한꺼번에 밝혀진다. 언어의 뿌리는 사고이므로 어떤 언어이든 사고를 떠나서는 결코 성립할 수 없다.

언어는 말과 글로 이루어지며 말과 글은 우리의 감각적인 '들음'과 '봄'에 의해 일차적으로 성립한다. 그러나 동시에 사고의 힘이 작용함으로써 말과 글은 의미를 가지게 된다.

사고가 포함되지 않은 말이나 글은 죽은 것이나 다름없어서 단지 무의미한 기호에 불과하다. 앞에서 '비데오'의 예를 보았는데, 이 단어가 전혀 사고를 동반하지 않을 경우에는 전적으로 의미를 상실한다.

내 앞에 한 권의 책이 놓여 있다고 하자. 지금 내가 눈으로 보는 것은 흰색과 네모난 형태이다. 손으로 만지면 매끄럽고 딱딱한 느낌을 가질 것이다. 책을 펼치면 인쇄된 글을 보게 된다. 우리의 사고는 이들 몇 가지 요소를 종합해 '나는 지금 한 권의 책을 본다'고 판단한다.

내가 보는 것은 색깔이나 형태이므로 나는 '책'을 직접 볼 수 없다. 책이라고 하는 개념으로서의 언어를 구성하는 것은 바로 우리의 생각이다. 그렇다고 해서 생각이 먼저 있고 난 다음에 반드시 언어가 구성된다는 것은 아니다. 언어와 사고는 순환적이기 때문에 우리는 언어를 통해 생각하는가 하면, 생각에 의해 언어를 구성한다. 언어 자체가 사고적 본성을 가지고 있으므로 언어와 사고는 순환 관계를 이룬다.

언어와 사고의 순환 관계에서 바로 의미(뜻)가 나타난다. 어떤 의미에서 보면 언어는 살아서 꿈틀거리는 것이다. '이 여학생', '저 산' 등은 우리에게 의미를 전달한다. 소리로 된 말과 쓰인 글은 의미를 전달하는 매개 역할을 담당한다.

따라서 언어는 대상을 의미 있게 함으로써 내 안에서 그리고 나와 남 사이에서 의미를 매개하고 전달해 인간관계로서의 대화를 가능하게 한다. 대화는 언어를 통해 성립하는 의미 전달이다. 의미 전달이 불가능할 때 우리는 아무런 대화도 할 수 없다. 의미 전달이 불가능하다면 그런 경우에는 언어가 제 기능을 발휘할 수 없다. 왜냐하면 의미 전달이 불가능한 언어는 죽은 언어에 지나지 않기 때문이다.

곧 자기반성으로서의 대화는 항상 보이지 않는 곳에 깊숙이 숨어 있고 달변이나 능변이 현실을 송두리째 지배하고 있는 것처럼 여겨진다. 어떤 근거에서 이런 일이 가능할까? 왜 허위와 기만을 뒤집어쓴 달변과 능변이 버젓이 대화 행세를 하는 것일까?

달변과 능변은 사실 이기심과 지배욕의 미화(美化)이다. 그것은 조화와 전체성을 보지 못하는 독단이다. 달변과 능변은 전혀 대화

상대방을 의식하지 않는다. 그것은 모든 사람의 뜻을 억지로 자기만의 주관적인 틀에 끌어 들이려고 한다. 그렇기에 달변은 내용에 겉치레를 화려하게 장식한다.

달변은 아직 잠에서 깨어나지 못한 자기만의 유희에 불과하다. 따라서 그것은 아무런 공감을 불러일으킬 수 없는 공허함으로 가득하다. 달변과 능변이 모든 사람을 지배하는 것처럼 보이는 것은 형식과 겉치레가 지나치게 화려하기 때문이다.

달변이나 능변이 참다운 대화가 되기 위해서는 겉치레를 떨쳐 버리고 내용과 생명력과 양심을 포함하지 않으면 안 된다.

좋은 의견은 참다운 생각을 동반한다. 말은 대화로, 생각은 사고로 그리고 행동은 일로 나타난다. 이 세 가지는 따로따로 떨어진 것이 아니라 순환 구조를 이룬다. 그러므로 생각과 대화가 없는 것은 죽은 것이다.

대화는 인격체로서의 인간의 자기 전개이다. 인격체의 자기 전개가 있는 곳에서만 사람과 사람 사이의 이해가 가능하며 또한 세계의 뜻이 본질적으로 밝혀질 수 있다. 우리는 대화에 의해 세계에 대한 공감을 체험할 수 있다. 대화는 '관계'로서의 인간에게 의미를 전달하고 부여함으로써 인간으로 하여금 자기반성을 가능하게 해 주는 언어의 본질이다.

한국인이나 이탈리아 인 또는 스페인 인을 가리켜서 일반적으로 감정이 풍부하다고 말하는 경향이 있다. 내가 생각하기에도 한국인은 풍부한 감정을 소유한 것 같다.

우리의 유산 중에서도 자연과학이나 학문의 업적보다 예술 작품이 빼어난 것을 봐도 한국 사람은 풍부한 정서의 소유자임이 분명하다. 그런데 감정이 지나치게 풍부하다 보면 논리적인 생각이 부족할 우려가 있다.

우리 주변을 보면 아이들부터 어른에 이르기까지 논리적인 생각의 훈련이 덜 되어 있음을 쉽사리 발견하게 된다. 개방된 삶을 발전시키기 위해서는 정서는 물론이요, 논리적 생각이 필수적으로 요구된다.

어린아이들을 보면 발표력이 미약하고 설사 발표력이 있다고 할지라도 조리 있게 이야기하는 습관이 덜 되어 있다. 청소년이나 어른의 경우에 있어서도 논리적인 주장보다 감정적이며 독단적인 주장이 앞서기 때문에 심하게 다투는 모습을 흔히 볼 수 있다.

우리에게 절실히 요구되는 것은 바로 논리적인 대화와 토론이다. 삶이나 사회의 전체 모습을 냉철하게 종합하고 분석하면서 행동할 때 비로소 우리는 바람직한 미래를 설계할 수 있다.

사람이란 말하는 존재이면서 동시에 생각하고 행동하는 존재이다. 사람은 각자가 '나'의 생각과 행동을 '너'에게 말로 표현한다. 이때 말은 이미 '관계'이다. 관계로서의 말은 대화이며 토론이다.

대화의 관계에 의해 드러나는 현상은 무엇인가? 그것은 공감(共感)이다. 공감이란 대화 참가자들의 일체감을 말한다.

사람은 태어나서 죽는 순간까지 자기를 표현하면서 대화하려고 한다. 사람은 누구나 세계 안에서 일체감 내지는 조화를 얻으려고 한다.

내가 모차르트의 '피아노 소나타'를 듣는다고 하자. 각양각색의 음들이 모여 조화를 이룰 때 우리는 그것을 음악이라고 부른다. 모차르트의 '피아노 소나타'는 조화의 울림이다. 이 조화의 울림이 내 영혼의 들림과 일치할 때 나는 '피아노 소나타'를 듣는다.

그저 막연히 피아노 소리만 듣거나 무작정 도취된다면 우리가 듣는 것은 음악이 아니라 '소리'에 불과하다. 음악의 본질이 '울림과 들림'의 음악성이라는 일체감 내지는 공감에 있는 것과 마찬가지로 대화의 본질 또한 일체감이나 공감에 있다.

내가 어디를
갔느냐면
내가
말이지
난 그게
좋더라...
내가
내가
나는

따라서 '나'만을 고집하거나 '너'만을 고집하는 대화는 그 형태가 일그러지게 마련이다. 대화가 자신의 원래 모습을 잃으면 그것은 '소리'로 전락해 버리고 만다.

한걸음 더 나아가서 참다운 대화는 생명이 있어야 한다. 대화의 생명은 공감이자 일체감이다. 단지 형식과 겉치레에 지나지 않는 대화는 '소리'일 뿐이다. 벌레가 우는 것을 벌레 소리, 새가 우는 것을 새소리 그리고 기계가 돌아가는 시끄러운 음을 기계 소리라고 부른다.

우선 떠오르는 것은 사람들끼리 주고받는 말로서의 대화이다. 다음으로 대화는 나와 너 사이의 내면적인 관계이다. 마지막으로 대화는 '세계 원리'의 표현이다.

첫 번째 의미의 대화는 우리가 늘 경험한다. 이것은 '지나침'과 '지껄임'을 특징으로 가진다. 지나침과 지껄임은 허위와 기만으로 차 있다. 지나침과 지껄임은 생명력 있는 대화가 못 된다. 따라서 지껄임은 제법 조리가 있고 질서정연할지라도 내용 없는 빈 말에 지나지 않는다.

두 번째로 나와 너 사이의 말은 반성이다. 나와 너 사이의 대화는 나 자신을 그리고 너 자신을 들여다보게 해 준다. 그러나 그것은 아직 나와 너를 넘어선 사회나 세계의 뜻을 밝혀 주지 못한다. 그러므로 연인들 사이나 벗들 사이의 말은 서로의 이해를 안겨다 주고 긍정적이며 달콤하기는 해도 명쾌하거나 냉정하지 못하다.

대화의 본질은 자기반성이며 자기반성은 바로 세계 원리를 표현한다. 자기반성은 소우주로서의 '나'를 대우주로서의 '세계'로 확장시킨

다. 지껄임의 가면을 벗으면 그것은 나와 너 사이의 말로 상승하며 이
것이 자기반성에 도달할 때 우리는 세계 원리의 표현인 대화를 체험
한다.

말하는 언어

　　　　언어란 단지 문법과 형식만을 가진 껍질이 아니라 살아 움직이면서 의미를 간직하고 전달한다. '언어는 그 본질에 있어서 표현도 아니고 인간의 활동도 아니다.' 그러므로 '언어는 말한다'는 표현이 가능하다.

　　인간이란 무엇인가? 이 물음은 지극히 어려운 것이므로 이에 대한 답은 수없이 많을 수 있다. '인간은 생각하는 동물이다', '인간은 도구를 제작하는 동물이다', '인간은 사회적인 동물이다', '인간은 행동하는 존재이다' 등의 다양한 정의는 바로 인간이 무엇인지에 대한 여러 가지 뜻을 전해 준다.

　　그러나 '인간은 말하는 동물이다'라는 표현은 앞의 여러 가지 정의들을 모두 다 포함한다고 볼 수 있다. 왜냐하면 말은 이미 생각이나 행동과 순환 관계를 이루고 있기 때문이다.

인간은 왜 말하고 생각하고 행동할까? 인간은 자기를 표현하기 위해 말하고 생각하며 행동한다. 말하자면 인간은 스스로 자신의 삶을 구성하며 더 나아가 세계를 창조한다. 그러므로 다음과 같은 말이 가능하다. '언어는 존재의 집이다. 인간은 언어의 집에 거주한다.' 우리는 말에 의해 새로운 것을 체험한다. 우리가 체험하는 모든 것은 말의 집에서 무리를 이룬다. 그러면서 우리 자신 역시 말이라는 집에서 살아가고 있다.

우리는 언어로 집을 만들고 그 안에서 산다. 인간은 언어에 의해 대상을 안다. 언어는 바로 틀이다. 우리는 어떤 것을 그대로 놓아두지 않고 어떤 것을 '산'이라는 언어로 표현하며 또한 어떤 것을 '사랑'이나 '자유'라는 언어로 나타낸다. 즉 우리는 언어에 의해 삶과 세계를 창조한다.

왜 언어가 존재의 집인지 다음 시 한 편으로 살펴보자.

고향에 고향에 돌아와도
그리던 고향은 아니러뇨.

산꿩이 알을 품고
뻐꾸기 제철에 울건만,

마음은 제 고향 지니지 않고

머언 항구로 떠도는 구름.

오늘도 뫼끝에 홀로 오르니

흰 점 꽃이 인정스레 웃고,

어린 시절에 불던 풀피리 소리 아니 나고

메마른 입술에 쓰디쓰다.

고향에 고향에 돌아와도

그리던 하늘만이 높푸르구나.

—정지용[◆], 「고향」 전문

이 시에서 고향, 뻐꾸기, 마음, 구름, 풀피리 등은 모두 특정한 의미를 가진다. 즉 각 대상은 저마다 고유한 틀을 소유한다. 고유한 틀은 바로 존재의 집이고 그것은 언어이다.

고유한 틀은 언어라는 재료에 의해 한층 더 정교하게 꾸며진다. '산 꿩이 알을 품고', '제 고향 지니지 않고', '인정스레 웃고', '어린 시절에 불던' 등은 집의 모양을 구체적으로 장식한다. 이처럼 인간은 언어로 세계를 구성한다. 언어에 의해 일단 세계가 구성되면 인간은 상호 관계에서 생긴 세계의 정보를 교환하면서 세계를 재구성한다. 우리는 이런 현상을 세계에 대한 인간의 체험과 표현과 이해의 순환 관계라고 말할 수 있다.

우리는 대상을 앎으로써 대상을 특정한 그물(언어라는 틀)에 넣어 표현하고 따라서 대상을 전체적으로 체험한다. 이런 체험은 세계 구성이다. 세계 구성은 표현에 의해 인간과 인간 사이에 전달되어 의사소통이 이루어진다.

생각해 볼 문제

❶ '등잔 밑이 어둡다'는 말이 있다. 이 속담이 뜻하는 것에 관해 서로 의견을 나누어 보자.

❷ 언어는 인간을 인간이도록 해 주는 일종의 기적이며 더 나아가 인간을 인간답게 살도록 해 주는 은총이기도 한다. 그 이유는 어디에 있는가?

❸ 언어가 가지고 있는 세 가지의 특징을 말해 보자.

❹ 언어는 감각 및 사고와 어떤 관계에 있는가?

❺ 신화나 전설 또는 동화에 등장하는 모든 것들, 예컨대 풀과 나무 그리고 냇물과 산과 해와 별 등은 말을 한다. 인간과 아무런 상관없이 과연 그것들이 말을 할 수 있는지에 관해 서로 대화를 나누어 보자.

❻ 언어와 사고와 의미는 서로 어떤 관계를 가지고 있는지에 관해 토론해 보자.

❼ 달변과 능변이 참다운 대화가 될 수 없는 이유는?

❽ '언어는 존재의 집이다. 인간은 언어의 집에 거주한다'는 말
이 무엇을 뜻하는지 생각해 보자.

본능과 이성의 싸움

오늘날 우리의 삶은 하루하루가 다르게 급변하고 있다. 1960년대와 1980년대, 2000년대와 2010년대를 비교하더라도 우리 주변에 얼마나 큰 변화가 있었는지를 알 수 있다.

그 중에서도 특히 과학 문명의 발달은 괄목할 만한 것이다. 드럼통을 두들겨서 만들던 시발택시나 버스가 지금은 최신식 승용차와 고속버스로 둔갑했다. 회사마다 바쁘게 주판알을 튕기던 모습은 찾아보기 힘들고 웬만한 회사는 모두 컴퓨터를 갖추고 있다. 달구지나 전차는 흔적을 찾기가 어렵게 되었고 택시들이 시내를 누비며 전철이 거미줄처럼 퍼져 있다. 냉·온방 시설은 물론이고 자동판매기와 휴대전화도 이제는 흔한 것이 되어 버렸다. 누구나 스마트폰을 가지고 있다.

이처럼 우리가 살고 있는 직접적인 모습의 변화만 보더라도 현대가 지나간 과거와는 판이하게 다르다는 것을 곧바로 알 수 있다.

우리는 여전히 '호기심, 지껄임, 애매함 및 던져짐' 안에서 살아가고 있지만 사는 모습은 판이하게 달라진 것이다. 과거보다 오늘날의 우리는 훨씬 더 '호기심, 지껄임, 애매한 및 던져짐'에 물들어 있다.

특히 20세기에 들어서서 물질문명, 시장경제 그리고 정치(이념)체제가 사회를 지배하면서 사회의 양상도 이전과 비교할 수 없을 정도로 변했다.

인간이 물질적인 풍요로움과 정신적인 안락함을 얻으면 얻을수록 그만큼 삶의 위기의식도 강하게 등장한다. 사방에 도사린 전쟁의 위협, 공산주의나 자본주의의 인간 억압, 공해 문제 등은 바로 현대가 안고 있는 가장 절박한 문제들이다.

지금 우리는 비록 동아시아에서 어느 정도 문명이나 문화적 측면에서 선진국의 입장을 지키고 있다고 할지라도 우리 자신이 안고 있는 문제로 인해 갈등을 겪고 있다. 그것은 바로 전통 의식과 서구적 의식 사이의 갈등을 말한다.

서양의 고대는 윤리적·신비적이었고, 중세는 종교적이었으며 근대는 자연과학 중심이었다. 그러나 서양의 현대는 기계주의*와 자본주의*가 지배하고 있다.

서양인들은 계속해서 기계주의와 자본주의의 노예가 되어 자유로부터 무한히 도피할 것인가, 아니면 이것들을 극복해야 할 것인가, 하는 심각한 문제에 직면해 있다.

스즈키라는 일본의 불교학자는 서양과 동양을 비교해 다음과 같이 말했다.

예수는 일어서서 도전적인 자세로 죽음을 맞이한 데 비해 석가모니는 평온하게 앉은 자세로 죽음을 대했다.

우리 의식의 밑바닥에는 불교와 유교의 오랜 전통이 샤머니즘*과 함께 뒤섞여 깊숙이 깔려 있다.

우리의 조상은 애써서 자연을 정복하고 이용하는 것이 아니라 자연과 하나가 되는 것이 가장 바람직한 삶이라고 생각했다.

기독교에서는 인간이 절대자 하느님과 결코 하나가 될 수 없으므로 인간은 끊임없이 완전함을 추구하지 않으면 안 된다. 따라서 인간은 자연을 정복하고 개발해 이용함으로써 자신의 부족함을 메우지 않으면 안 되었다.

자연과 하나이기를 원하고 또한 사실상 자연과 하나로 살아온 우리네 조상은 과학 문명의 심각한 필요성을 느끼지 않았다. 삶은 바로 자연이었기에 절박한 위기가 있을 수 없었다.

그러나 근대 이후 우리는 물밀 듯이 쏟아져 들어온 서양 사상을 제대로 소화할 틈도 없이 마구 먹지 않을 수 없었다. 우리의 모습을 찬찬히 뜯어보면 얼마나 우스운 꼴을 하고 있는지 잘 알 수 있다.

기계주의
기계의 운동과 힘을 이용하여 사회 질서를 기능적으로 만들어 가려는 사고

자본주의
생산 수단의 사유제 아래에서 상품 생산이 행해지는 경제 체제

샤머니즘
초자연적인 존재와 직접 소통하는 샤먼을 중심으로 하는 주술이나 종교

우리는 모두 양복을 입고 있으며, 어른 아이 모두 빵과 햄버거와 피자와 커피를 즐긴다. 젊은이들은 힙합과 재즈 댄스를 추고 지식인들은 영어 잡지를 펴든다. 그러면서도 우리는 때마다 제사를 지내고, 나이가 한 살이라도 더 많으면 거드름을 피우며 시시콜콜 예의범절을 찾는다. 그런가 하면 대부분의 사람들이 더 비싼 차를 부러워하며, 돈 버는 일이라면 모든 것을 던져 버리고 덤벼들려고 한다.

물질적인 풍요로움도 그리고 기계문명에 의한 안락함도 좋지만, 이런 상황에서 우리에게 절실히 요구되는 것은 건전한 가치관과 방향감각이다.

만일 우리가 황금만능주의에 마취되어 정신을 잃고 있다면, 만일 우리가 넋잃고 권력지향주의에 몸을 담그고 있다면, 우리의 미래는 아무런 가치도 없을 것이다.

우리는 지금 우리 자신을 모르고 있으며 또한 주변도 제대로 알지 못한다. 게다가 서양 문물에 젖은 채로 마치 그런 모습이 우리 자신인 듯 착각하고 있다. 우리의 말과 우리의 노래 그리고 우리의 전통과 우리의 문화를 확실히 알고 서양 문물을 차근차근히 소화하지 않는다면 우리는 오래도록 방향감각을 상실할 것이다.

자본주의와 기계주의는 현대인을 지배하고 있으며, 우리는 이것들의 모순을 극복하지 않으면 안 되는 커다란 과제를 안고 있다. 더욱이 우리는 우리의 본래적인 자세를 찾고 서구 문물을 소화하면서 미래를 개척해야 할 중대한 임무를 안고 있다.

'배부른 돼지보다 가난한 소크라테스가 되겠다'는 말은 오늘을 살아가는 우리가 다시 한 번 음미해 볼 만한 의미가 있다.

철민이는 자기 방에서 얼굴 곳곳에 난 여드름을 보다가 거울을 향해 알 수 없는 분노를 터뜨렸다.

"도대체 이게 뭐야! 아무리 짜 봐도 제대로 나오지도 않고. 나는 왜 남보다 유난히 여드름이 많지? 오늘은 무슨 일이 있어도 짜 볼 거야."

왼쪽 광대뼈 옆의 여드름을 힘껏 짜도 짜지지 않고 피부 껍질만 벗겨졌다. 철민이는 약이 올라서 있는 힘을 다해 여드름을 더 세게 짰다. 결국 여드름이 난 부분이 퉁퉁 부어올랐다.

"빌어먹을! 이런 꼴로 어떻게 학교엘 가지? 이런 모습이 바로 청춘의 상징이라는 건가? 공부도 제대로 안 되고 마음도 싱숭생숭한데 여드름까지 속을 썩이다니."

철민이는 무거운 가방을 걸쳐 메고 학교와는 정반대 방향에 있는 공원으로 향했다. 이미 늦은 아침이었지만, 공원에는 나이 지긋한 어른들이 여기저기에서 뜀박질, 배드민턴, 맨손체조 등에 열을 올리고 있었다. 철민이의 눈에는 모든 것이 아니꼽게 비쳤다.

"무슨 짓들이야? 오래 살겠다고 저러는 걸까? 오래 살면 행복할까?"

철민이는 학교에 가지 않은 것을 후회했다. 그렇다고 이제 학교로 갈 수는 없었다.

"벤치에서 잠이나 청하다가 어디 영화라도 보러 갈까? 영화도 뭐 그게 그건데……. 도대체 나는 왜 이렇게 헤매이기만 할까? 이렇다 할 만한 취미도 특기도 없고 그렇다고 공부를 잘하는 것도 아니고, 나라는 인간은 과연 살 만한 가치가 있는 걸까?"

철민이는 입속으로 뇌까리면서 잔뜩 찌푸린 하늘을 바라보았다.

현대인은 항상 불안과 좌절의 구덩이에서 허덕인다. 우리의 정신은 한없이 방황하며 갈등을 겪는다. 우리는 인간이기 때문에 불안과 좌절을 맛보지 않을 수 없다.

돌과 산 그리고 나무나 새는 불안을 느끼지 않으며 좌절하지도 않는다. 그것들은 단지 지민치 있을 뿐이다. 그러나 인간은 지금 이곳에 있으면서도 돌이나 나무와는 전혀 달리 느끼고 생각하며 이해한다. 인간은 다른 것과 달리 정신을 가진 존재이다.

인간은 의식을 가지고 있으므로 불안에 떨고 좌절하며 심지어는 절망감에 사로잡히기까지 한다. 인간은 정신을 가지고 있기 때문에 야망에 불타고 사랑에 애타며 진리를 추구하고 영원한 이상향을 그린다. 인간은 정신을 가지고 있으므로 파괴하려고 하면서도 건설하려고 하고, 죽도록 미워하면서도 끔찍이 사랑한다.

불안과 좌절은 인간의 숙명이다. 이 세상에서 나만 불안을 느끼며 오직 나만 절망에 빠지는 것이 아니다. 불안한 것이 없다거나, 싸운 일이 없다거나, 좌절해 본 일이 없다고 말하는 사람은 거짓말을 하는 것이다. 왜냐하면 인간의 정신 자체는 본래부터 불안과 좌절에 물들어 있어서 스스로 갈등하기 때문이다.

이미 '나'라고 할 때에는 '나 아닌 것'을 전제로 삼고 있음을 알아야 한다. 즉 '나'라고 긍정하는 것은 '나' 아니라고 부정하는 것을 포함하기 때문에 인간의 의식은 처음부터 자기 갈등을 안고 있다.

청소년들은 남이 가진 컴퓨터와 스마트폰을 그토록 가지고 싶고 또한 남이 가진 오디오를 몹시 가지고 싶어 한다. 그러면서 또 한편으로 흘낏 자신의 빈약한 내면을 바라보며 책임감 있으며 자발적인 '자아'를 키우고 싶어 한다. 두 가지를 모두 달성해야 하는지 아니면 둘 중 한 가지만 성취해야 하는지 정신은 항상 갈등한다.

현대의 행동주의 심리학자들 중에는 '만일 인간의 두뇌와 신체의 구조가 완전히 밝혀진다면' 인간을 로봇처럼 조종할 수 있을 뿐만 아니라 원하는 종류의 인간을 마음대로 만들 수 있다고 장담하는 사람들이 있다. 그러나 그와 같은 주장은 그릇된 것이다. 왜냐하면 그들이 밝힐 수 있는 것은 생리적인 것 내지는 물리적·생물학적인 것이지, 예술적이거나 종교적 또는 철학적인 것이 아니기 때문이다.

인간은 항상 문제를 해결하면서 또한 문제를 제기하기 때문에 영원한 절대적 해결이란 있을 수 없다. 어느 화가가 한 폭의 그림을 완성했다고 하자. 그러면 그 화가는 그림 그리기를 끝마쳤을까? 한 폭의 그림을 완성했을 때, 그 완성은 새로운 그림의 시작에 지나지 않는다.

만일 영원한 시작과 영원한 끝이 있다면 우리 인간은 좌절과 절망에 신음하지 않아도 될 것이다. 하지만 우리의 의식은 언제나 혼돈 안에서 방황하므로 좌절하며 불안에 휩싸인다.

인간의 정신은 자기 자신을 스스로 부정하기도 하며 또한 스스로 긍정하기도 한다. 더 나아가서 우리의 정신은 부정과 긍정을 통일한다. 그렇기 때문에 우리는 나를 알고 남을 알며 또한 '우리'를 인정한다.

우리가 정신의 갈등을 초월하려고 하면 아무런 문제도 해결되지 않는다. 정신의 갈등을 인정하고 그 갈등을 통일할 때 비로소 갈등을 극복할 수 있게 된다.

현실과 이상의 갈등

영숙이는 고등학교에 들어와서 부쩍 우울해지기 시작했다. 같은 반 학생들을 비롯해 학교 선생님들 그리고 부모님까지도 믿을 만한 사람들로 생각되지 않았다.

학생은 일류 백화점에서 산 학용품이라든가 화장품, 심지어는 옷가지를 자랑거리로 삼아서 재잘거리는 것이었다. 학교 선생님들은 무엇보다도 학생 신분으로서 공부에 전념하고 장래 훌륭한 여성이 되라고 시시콜콜 간섭했다. 부모들은 하나부터 열까지 공부밖에 몰랐다.

'부모님은 자식을 어떻게 생각하시는 걸까? 자식을 생각하는 인간이 아니라 당신들 멋대로 움직이는 인형으로 아시는 걸까? 우리 엄마 아빠만 해도 그렇지. 두 분은 여행도 다니시고 돈도 마음대로 쓰시면서, 우리 보고는 절약해라, 공부에만 신경 써라, 아직 이르니 남학생은 사귀지 마라, 여자답게 정숙해라……. 이렇게 숨 막히게 몰아치시니 도대체 자식은 뭐란 말인가?

선생님들도 부모님과 전혀 다를 게 없어. 공부 잘하는 애들에게는 더 신경을 써 주고 공부 못하는 애들은 등한시하는 게 팍팍 보이는걸. 어디 그뿐이야? 부잣집 아이들에게 보내는 눈길은 더 부드럽단 말이야.

친구들도 그래. 특히 잘난 애들은 더 그래. 미경이는 반장이라고 자기가 다른 애들보다 훌륭한 여학생인 줄 알고 우쭐대는 꼴이라니. 한샘이는 자기 아빠가 의사라고, 희정이는 자기 삼촌이 장군이라고 으스대다니. 한심한 아이들이야.

그런데 나는 뭐야? 아빠는 대학도 못 나온 정비 공장 기술자이고 엄마는 파출부로 일하는 나는 내세울 게 없잖아? 직업에 귀천이 없다는 말, 남녀 차별이 없다는 말 그리고 모든 인간은 평등하다는 말은 모두 거짓말이야.

나도 일찌감치 학교 집어치우고 악착같이 일해서 돈이나 벌까? 돈 많은 사람들은 비싼 차에 집에 없는 것 없고 돈 많은 집 자식들은 시집, 장가 잘 가서 모두 잘 살잖아? 그런데 뭘 해서 돈을 벌지? 엄마, 아빠가 저토록 힘들게 일해도 우리는 늘 쪼들리는데 나는 뭘 어떻게 해야 하지?'

현실과 이상은 너무나도 먼 거리에 있는 것처럼 느껴진다. 말할 때마다 자기는 솔직하게 이야기한다는 사람은 알고 보면 밥 먹듯이 거짓말을 한다. 정직하게 살아야 한다고 주장하는 사람들 가운데 자기 자신은 정직하지 않게 사는 사람도 많다.

사회와 국가를 보더라도 현실과 이상의 커다란 차이를 알 수 있다. 마음을 비우고 겸손하게 정치하는 것이 신념이라고 말한 정치가는 권력욕에 눈이 어둡기 십상이다. 청렴결백하게 살아가는 것이 인생의 목표라고 주장하던 어떤 기업가는 수많은 재산을 남 몰래 쌓아 놓았다. 왜 인간이라는 존재는 이래야만 할까?

많은 사람들이 '기계와 집단과 돈은 수단에 불과하고 목적은 아니라'고 하면서도 암암리에 그것을 목적으로 여기면서 일생을 마친다.

"기계나 집단 그리고 돈은 인생의 목적이 될 수 없고 수단에 불과해."

"그래. 말들은 그렇게 하더라. 그런데 정작 그렇게 말하는 너는 돈을 싫어하니?"

"물론 좋아하지. 그러나 우리 엄마만큼 좋아하지는 않아. 돈은 살아가는 데 필요하긴 해도 전부는 아니야."

"억지 부리지 마. 돈 없으면 당장 어떻게 할래? 아파서 병원에 가 봐. 돈이 없으면 어디서 자고 뭘 먹을 수 있겠니?"

이런 대화는 흔히 들을 수 있는 종류의 것이다. 이런 대화 역시 현실과 이상의 거리감에서 나온다.

현실은 다분히 도구적이고 이상은 이성적이다. 사물을 이용하려고만 할 때 현실에 집착해 이성을 도외시하기 쉽고, 이성에만 골몰하면 도구적인 현실을 무시하고 삶의 목적인 이상에만 치우칠 경향이 있다.

삶을 전체적으로 보면 현실과 이상은 하나이다. 현실 없는 이상이 있을 수 없으며 이상 없는 현실도 있을 수 없다. 어느 한 쪽에 치우칠 때, 곧 삶이 전체적인 하나라는 것을 망각할 때 현실과 이상의 모순이 심각하게 드러난다.

햇빛이 일곱 가지 색깔이면서도 한 가지 햇빛이라는 사실을 알 때 비로소 우리는 햇빛의 정체를 바로 알 수 있는 것과 같은 이치이다.

인간은 누구나 말하고 행동하며 표현한
다. 그러나 어떻게 말하고 행동하고 표현하느냐에 따라 한 사람의 사
람됨이가 나타날 뿐만 아니라 한 사회의 문화적인 수준까지도 나타
난다.

우리는 오랜 시간 중앙집권적인 정치체제를 유지해 왔다. 왕이 절대
권력을 가지고 있었으므로 자연히 왕을 옹호하는 양반도 권력을 가지
고 있었고 일반 평민들이나 노비들은 힘이 없었다. 말하자면 인간 평
등사상이 결핍되어 있었다.

불행히 오늘날까지도 평등사상의 결핍이 우리의 의식에 깊이 뿌리
박고 있음을 알 수 있다.

예컨대 반장이 되면 자기는 다른 학생보다 우월한 인간인 줄 착각하게 된다. 교장 선생님은 왜 그런지 몰라도 다른 선생님들보다 꽤 높게 생각된다. 동(洞)에서도 동장은 동의 직원들보다 훨씬 높은 사람으로 대접받는다.

"이 일은 전문적인 기술이 필요합니다. 나이를 내세워서 이 일을 하려고 해서는 안 됩니다."

"너는 형님도 없냐? 이마에 피도 안 마른 게 잘난 척하기는. 아무래도 나이 한 살이라도 더 먹은 사람이 안목이 있는 법이야."

"애, 길수야, 이 엄마는 네가 장차 모든 사람이 우러러보는 높은 사람이 되기를 바란다. 남에게 굽실거리지 않고 의젓하게 높은 사람이 되면 이 엄마는 더 바랄 게 없다."

아직도 우리 사회에서는 돈 많은 사람과 권력 가진 사람을 높은 사람으로 떠받든다. 물론 요사이는 그런 풍조가 많이 바뀌어서 전문적인 과학자나 기술자를 장래의 희망으로 택하는 경향이 늘었으며 자기 뜻대로 미래의 직업을 택하려는 청소년들의 수도 상당히 많아졌다. 그래도 여전히 법대와 의대에 자식이 들어가면 경사라도 난 것처럼 기뻐하는 것은 어찌 된 일일까?

사람됨은 누구에게 있어서나 마찬가지이다. 돈이 적고 많고, 권력이 크고 작고는 있을 수 있으나 인격은 어느 누구에게 있어서나 동등하다.

사람됨, 곧 인격을 불평등하게 취급하는 사회는 그만큼 의식이 닫힌 사회이다. 닫힌 사회에서는 자연적으로 독재정치가 판치게 마련이다. 마음대로 말하는 것이 금지되는 것은 물론이거니와 어느 누구도 자발적으로 말하려고 하지 않기 때문이다.

"오늘은 인간을 주제로 이야기하겠어요. 인간이 무엇인지 말해 볼 사람 누구 있어요? 저기 태호가 이야기해 볼까?"

태호는 볼펜을 뱅그르르 돌리면서 바닥만 쳐다보고 있다.

선생님이 다시 한 번 태호에게 다그치자 태호는 모기만한 소리로 말했다.

"잘 모르겠는데요."

"태호는 자기가 아는 걸 좀 분명히 이야기하는 연습을 하도록 해요. 인간은 이성적인 동물이에요. 인간은 다른 동물들과 달리 스스로 판단하고 자기 자신을 생각하며 주변의 대상을 객관화하기 때문에 이성적인 것이 확실합니다."

우리는 교실에서는 물론이고 일상생활에서 우리 자신이 얼마나 대화에 익숙하지 않은지를 너무나도 잘 알고 있다.

미래지향적인 삶은 대화에서 비로소 싹튼다. 대화를 모르는 사회는 발전할 수 없고 항상 폐쇄되어 있다. 인간의 참다운 모습은 서로 말하고 행동하고 생각하는 가운데서 형성된다.

물론 우리도 서로 말하며 살아가고 있다. 그러나 자기반성이 결핍된 말은 대화가 아니라 '지껄임'에 불과하다. 본능적으로 말하는 것은 대화가 아니라 지껄임이다.

우리가 대화할 줄 아는 자세를 가질 때 비로소 우리는 나와 남 그리고 우리 자신의 본래적인 모습을 분명히 바라볼 수 있으며, 그것을 기초로 미래를 계획할 수 있다.

의사소통은 우리로 하여금 자연과 문화를 전체적으로 볼 줄 알게 해줌으로써 앞으로 우리가 무엇을 어떻게 발전적으로 개선해야 할지를 일깨워 준다.

대화가 없는 사회는 공허한 암흑이 지배하는 사회이다.

인간의 갈등

전혀 흔들리지 않는 인생관을 가지고 일생을 꿋꿋하게 살아가는 사람이란 그다지 흔치 않다. 대부분의 사람들은 방황하면서 일생을 살아간다. 특히 아직 제대로 영글지 않은 과일과 같은 청소년 시절은 수많은 번뇌의 날들로 얼룩지게 마련이다. 청소년들은 가정 문제, 학업 문제 그리고 이성 문제 등으로 매일을 한숨과 고뇌로 보내지 않을 수 없다.

우리는 어느 누구를 막론하고 확실한 것을 알고 싶어 하며, 선한 행동을 하려고 하고, 불변하는 것을 얻으려고 하며 아름다움을 소유하려고 한다.

수많은 사람들이 돈과 권력을 향해 미친 듯이 달려가는 것도, 사실 내용을 알고 보면, 돈이나 권력 자체가 목적이 아니라 돈이나 권력을 통해서 확실하고 선하며 아름다운 삶을 살려고 하는 목적이 배후에 숨어 있는 것이다.

인간을 가리켜서 생각하는 동물이라고 한다. 자연 세계에서의 인간은 한낱 동물에 지나지 않는다. 인간 역시 다른 동물과 마찬가지로 식욕과 성욕의 본능을 벗어날 수 없다. 우리는 게걸스럽게 먹는 사람을 보면 '짐승같이 먹는다'고 말하며, 때와 장소를 가리지 않고 성욕에 사로잡히는 사람을 보고 '짐승 같은 놈'이라고 욕한다. 만일 식욕과 성욕의 본능에만 사로잡힌 사람이 있다면 그런 사람은 인간이라기보다는 오히려 짐승이라고 불리는 것이 격에 어울릴 것이다.

인간이 '생각하는 동물'인 것은 동물이면서도 동물의 세계를 극복하기 때문이다.

영석이는 학교 가는 길목에서 가끔 눈이 큰 여학생과 마주쳤다. 여학생은 가냘픈 몸매에 남달리 길고 까만 머리를 늘어뜨리고 있었다. 영석이를 흘낏 쳐다보는 큰 눈망울은 맑으면서도 서글픔이 가득 고여 있었다.

'나도 저런 여자 친구를 사귈 수 있을까? 저 여학생과 한강 둑을 손잡고 걸을 수 있을까? 저 여학생하고라면 따스한 볼을 맞대고 몇 시간이고 말없이 앉아서 가슴 속에 있는 모든 것을 털어놓을 수 있을 거야.'

영석이는 그 여학생을 볼 때마다 10분 이상 멀찌감치 뒤따라가면서 온갖 상념에 사로잡혔다. 그러나 영석이는 번번이 발걸음을 돌려 학교로 줄달음치지 않을 수 없었다.

'내가 왜 이러지? 도대체 어쩌자는 거야? 여자 친구를 사귀더라도 때와 장소를 가려서 사귀어야지. 나는 지금 학교에 지각하지 않아야 해. 내가 지금 해야 할 일은 부족한 공부를 보충하는 거야.'

인간은 본능적이기에 동물이지만, 본능적인 것을 극복할 수 있기 때문에 이성적인 것이다.

오로지 본능적인 쾌락만을 추구하는 사람들도 있다. 알코올이나 마약 중독자, 변태 성욕자 등은 그 대표적인 예에 속한다. 사람이면 누구나 어느 정도 본능적 쾌락을 충족하려고 한다. 맛있는 음식과 따뜻한 집 그리고 사랑스런 이성은 우리를 즐겁게 해 준다. 그러나 이성은 우리가 본능적인 쾌락에만 젖어 있는 것을 허락하지 않는다.

인간은 새나 꽃이나 산처럼 살고 싶어 하지만 그렇게 살 수 없기 때문에 새와 꽃과 산을 노래하며 그린다. 화가는 산이 될 수 없기에 산을 그리며, 음악가는 새가 될 수 없으므로 새를 노래하고, 시인은 꽃이 될 수 없기 때문에 꽃을 시로 읊는다.

그런가 하면 오로지 이성만을 참다운 것으로 보고 순수한 이성으로서의 영혼을 소유하려고 한 사람들도 있다. 그들은 육체와 아울러 본능은 천하며 악에 물든 것으로 보았기 때문에 육체를 벗어나서 순수한 정신만을 가지려고 했다.

지나치게 종교에 몰두하는 사람들 중에는 육체를 경멸하고 오로지 정신적인 삶만을 중시하는 사람들이 있다.

나는
생각하는 동물 !

고대 희랍의 어떤 철인(哲人)은 화산의 불구덩이에 몸을 던짐으로써 영원한 영혼을 소유하려고 했다. 인도의 고행자들 중에는 가능한 식욕이나 성욕을 억제하고 육체에 고통을 가함으로써 순수한 정신의 세계에서 영원히 살고자 한 사람들도 있다.

그러나 인간이란 본래부터 육체와 정신, 곧 본능과 이성의 이중성을 가지고 있으므로 살아 있는 한 이런 이중성을 벗어날 수 없는 숙명을 안고 있다. 그렇기 때문에 인간은 '짐승과 신 사이의 다리'이며 따라서 영원한 '중간 존재'이다.

인간은 본능과 이성의 복합체로서의 의식이다. 인간은 스스로 자신의 참다운 모습을 바라볼 줄 알 때 비로소 인간다움을 회복한다.

우리가 본능과 이성의 복합체라는 것을 알 때 우리는 현실을 냉철하게 반성할 수 있다. 만일 우리가 어느 한쪽에만 치우친다면, 우리는 끝없이 방황만 하게 될 것이다.

우리는 너무 오랜 시간 먹고 사는 것에 바빴으며, 각 개인이 평등한 시민의식을 가지기보다는 특정한 계층이 사회를 좌우해 왔고, 불교나 유교가 백성의 내면에 자리 잡기보다는 형식적으로 전해 온 점이 강한 것을 잘 안다.

'지혜에 대한 사랑'은 곧 철학이다. 철학함은 우리로 하여금 인간이 본능과 이성의 복합체라는 것을, 그리고 인간은 스스로 반성한다는 것을 일깨워 준다.

생각해 볼 문제

❶ 현대 사회를 일컬어 산업사회라고 한다. 산업사회에서 살아 가고 있는 현대인은 어떤 번민을 안고 있는지 하나씩 열거해 보자.

❷ 건전하지 못한 정신을 가진 사람들을 볼 수 있다. 어떤 사람들 이 그런 부류에 속하는지, 그리고 왜 그렇게 되었는지 생각해 보자.

❸ 건전한 정신 상태와 불건전한 정신 상태는 과연 어떻게 구분 되는지 예를 들어 보자.

❹ 불안과 좌절은 모든 인간의 숙명이라고 말할 수 있다. 그렇다 면 어떻게 불안과 좌절을 극복할 수 있을까?

❺ 현실 없는 이상은 있을 수 없으며, 이상 없는 현실도 있을 수 없다. 그런데 '공허한 이상' 또는 '이상 없는 현실'이라는 말 을 쓰는 경우가 있다. 그런 말은 어떠한 의도에서 사용되는 것일까?

❻ 나의 현실과 이상은 무엇인지 자세히 이야기해 보자.

7 한 걸음 더 나아가서 우리 민족의 현실은 어떻고 이상은 무엇
인지에 관해 여럿이 모여 대화해 보자.

8 대화와 생각은 어떤 관계에 있는 것일까?

9 대화는 무엇을 목적으로 하는지 생각해 보자.

3장

젊음이라는
축복

젊은 날의 고뇌와 번민

우리는 왜 괴로워하는가

병과 허무

삶의 유한성

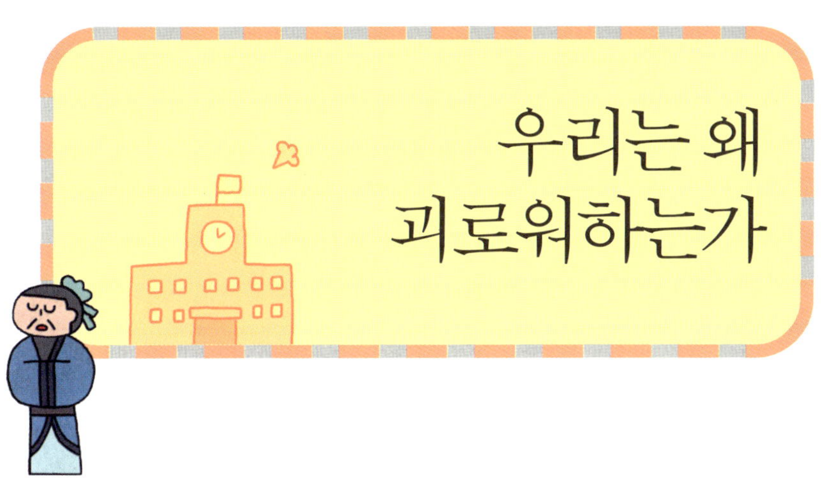

우리는 왜 괴로워하는가

인간은 고뇌하는 존재이다. 다른 짐승과 마찬가지로 인간은 고통에 몸부림치면서도 또 다른 짐승과는 달리 고뇌를 안고 괴로워한다. 이 세상에 과연 괴로움을 모르는 인간이 있을 수 있을까?

불교에서는 이 세상을 번뇌에 둘러싸인 것으로 보며 또한 모든 행동은 한결같음이 없고 모든 사물은 불변하는 본질이 없다고 본다. 그렇다면 이 세상은 괴로움의 바다나 마찬가지인 것이다.

무엇이 우리를 고통스럽게 하는가? 감기, 몸살을 비롯해 갖가지 질병이 그리고 교통사고 등 우연한 사고가 우리를 고통스럽게 한다.

무엇이 우리를 괴롭게 하는가? 가난이, 좋지 못한 성적이, 사랑이 그리고 불신과 패배와 미래의 불확실함이 우리를 괴롭힌다.

니체는 인간을 '신과 짐승 사이의 다리'라고 말했다. 어떻게 보면 인간은 전지전능한 신과 본능적인 짐승 사이에서 방황하는 중간 존재인지도 모른다. 자연계를 모두 둘러봐도 오로지 인간만이 번민을 안고 괴로움에 한숨짓고 눈물 흘린다. 왜 인간은 괴로워하지 않으면 안 되는가?

어느 순간에는 더할 수 없는 기쁨과 행복감에 젖는다. 그러나 그것도 잠시뿐이다. 우리는 항상 '나'를 망각한 채로 살아가며 무의미한 일상생활의 쳇바퀴를 돌린다. 그러다가 어느 사이엔가 허무감에 사로잡혀 절망의 구렁텅이에서 허우적거린다.

특히 청소년들은 헤아릴 수 없이 많은 번민의 늪에서 고뇌하며 허덕인다. 정열이 강하기에 번뇌가 크고 삶의 힘이 넘쳐흐르기에 고뇌도 많다.

사람들은 왜 천국이나 극락을 찾는 것일까? 젊은이들은 왜 순수하고 영원한 사랑을 그토록 갈망하는 것일까? 사람들은 왜 건강하게 오래 오래 살기를 바라는 것일까?

인간은 살아 있기에 고통과 고뇌에 허덕인다. 그렇다면 벌이나 나비도 번민을 안고 있을까? 인간이 살아 있다는 것은 다른 식물이나 동물이 살아 있다는 것과는 전혀 다른 뜻을 가진다. 인간이 살아 있다는 것은 정신이 살아 있다는 것을 말한다.

정신은 방황한다. 정신은 영원한 안식처를 찾지 못하기에 번민할 수밖에 없다. 얼마나 많은 사람들이 우리의 정신에 영원한 안식처를 제

공하려고 노력했던가? 예수와 석가모니 그리고 소크라테스와 공자 등은 인간에게 영원한 안식처를 제공하려고 그들의 삶을 송두리째 바친 사람들이다.

학문과 예술과 종교는 우리에게 무엇을 전해 주려고 하는가? 학문은 영원한 진리를, 예술은 영원한 아름다움을, 종교는 영원한 믿음을 우리에게 보여 주려고 한다.

그러나 인간은 어느 것에도 만족하지 못하고 불확실한 삶으로 인해 번민한다. 그런데 우리는 왜 괴로워하는 것이며, 이 괴로움을 극복할 길은 없을까? 인간은 한마디로 유한하기 때문에 고통스러워하며 또한 괴로워한다.

이렇게 보면 인간의 유한함을 극복하려는 가장 대표적인 예는 중국의 무협소설에서 잘 나타난다. 사람이 바람처럼 빨리 달리고 공중을 날아다니며 몸을 보이지 않게도 할 수 있다면, 그것은 유한성을 극복하는 한 가지 방법이다.

그러나 '부처님 손 안의 손오공'이라는 말이 있다. 손오공이 부처님을 만났을 때 부처님을 깔보며 자기는 세상천지를 바람보다 빨리 날아다닐 수 있다고 자랑했다. 손오공은 있는 힘을 다해서 세상을 날아다니며 다섯 기둥에 자기가 왔다 간 표시를 하고 다시 부처님에게 돌아와서 뻐기었다. 그러나 손오공이 부처님의 손가락을 보니 거기에 자신이 표시한 자국이 있었고 결국 그가 날아다닌 것은 부처님 손 안이었다.

제아무리 초능력을 가지고 있는 인간일지라도, 그가 인간인 이상 그는 유한하다. 인간은 어느 누구든지 꼭 한 번 태어났다가 죽는다.

우리는 지금을 살아가고 있으며 이곳에서 살아가고 있다. 지금은 바로 시간을 말하고, 이곳은 공간을 말한다. 제아무리 빨리 달리는 사람일지라도 번개만큼 빠를 수 없으며 제아무리 몸이 큰 사람일지라도 남산만큼 클 수 없다. 내가 느리면 빨리 달리고 싶고 내가 작으면 크고 싶은 것이 인간의 욕망이다.

예수가 십자가에 못 박혀 죽을 때 그는 하느님에게 고통을 호소했다. 석가모니가 종기로 임종할 때 그 역시 괴로워했을 것이다. 어린아이들은 바늘에 찔려 피가 찔끔 나오기만 해도 큰 소리로 고통을 호소한다. 사랑에 배신 당한 젊은이는 땅이 꺼질 듯이 한숨지으며 며칠 밤을 눈물로 지새운다.

우리 인간은 시간과 공간이라는 유한성 그리고 그것을 벗어나려는 욕망으로 인해 괴로워한다. 고통과 고민은 모두 정신의 유한성과 욕망으로부터 생긴다.

만일 우리가 유한성을 인정하고 그것에 충실하면서 욕망을 속속들이 통찰할 수 있다면 우리의 번민과 고뇌도 그만큼 줄어들 수 있으리라고 본다.

예술과 종교와 학문은 인간 정신의 산물이다. 인간 정신은 자신의 유한성을 통찰함으로써 인간의 욕망을 순화시킨다. 유한과 무한이 둘이 아니라 바로 인간의 욕망의 산물이라는 것을 안다면 그만큼 괴로움도 적어질 것이 아닌가.

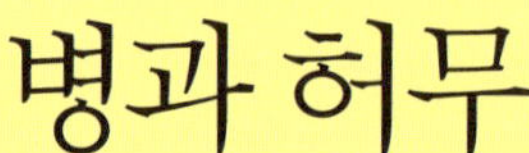

병과 허무

"돈을 벌기 위해서 살지요."

"그러면 왜 돈을 벌려고 합니까?"

"잘 먹고 궁색하지 않기 위해서 돈을 벌려고 하지요."

"잘 먹고 부유하게 사는 것이 당신의 궁극적인 목표입니까?"

이 세상의 허다하게 많은 사람들은 생김새는 물론이요, 살아가는 모습도 각양각색이다. 그러나 왜 사느냐고 물을 때 사람들은 한결같이 행복하기 위해서 산다고 속으로 답할 것이다. 왜냐하면 불행해지기 위해 사는 사람이란 아무도 없을 것이기 때문이다.

사랑에 배신 당해 약을 먹고 자살하는 젊은이들이 있다. 사업에 실패해 강물에 투신하는 사람도 있다. 대학 입시에 떨어져서 자살하는 청소년도 있다. 우울증에 빠져 허우적 거리다가 자살한 배우들이 있다. 겉으로 보기에 그들은 스스로 불행을 택한 것처럼 보일지 몰라도, 그들 나름대로는 불행을 피하기 위해서 그와 같은 행동을 취한 것임이 틀림없을 것이다. 말하자면 그들은 나름대로 그런 길을 조금이나마 행복한 길이라고 판단한 것이다.

죽음은 허무이다. 우리는 비록 죽음 가까이에 있거나 또는 죽음을 예견할 수는 있어도 죽음 자체일 수는 없다. 죽음은 우리가 아니기에 그것이 바로 허무인 것이다. 허무에 구체적으로 가장 가까운 것은 질병이다.

일반적으로 우리는 항상 건강하다고 생각하며 병에 대한 뚜렷한 의식 없이 매일 살아간다. 그러다가 문득 병에 걸리면 우리는 몹시 당황하지 않을 수 없다.

우리는 매일같이 친숙한 대상을 대하기 때문에 아무 거리낌 없이 자연스럽게 행동한다. 그러나 일단 병에 걸리면 식구와 친구와 학교 그리고 눈에 익었던 버스와 건물들이 낯설어지며 자기 자신마저도 거리감을 가지고 바라보게 된다. 왜냐하면 병은 허무를 손짓하며, 허무란 우리의 삶과 전혀 낯선 것이기 때문이다.

자기가 큰 병에 걸려 병원에 입원한 기억이 있는 사람은 물론이요, 병문안을 가서 수많은 환자를 목격하는 사람도 병이 얼마만큼이나 인간의 또 다른 모습을 보여 주는지를 잘 안다.

'물에 빠지면 지푸라기라도 잡으려고 한다'는 말이 있다. 일단 병

에 걸리면 우리는 절망하면서도 죽음이라는 허무를 피하려고 발버둥
친다.

심한 독감에 걸려 하늘이 빙빙 도는 현기증을 느끼고 구토를 할 때
우리는 어떤 기분에 사로잡히는가?

백혈병에 걸린 아이의 부모가 아이에게 온갖 정성을 기울여도, 하루
하루 지날수록 아이가 핏기 없는 얼굴로 해맑은 눈망울을 굴릴 때 우
리는 어떤 느낌을 가지는가?

오늘날 우리는 주변에서 불치병에 걸려 신음하면서 건강을 회복하
려고 안간힘을 쓰는 수많은 환자를 볼 수 있다. 의외로 많은 사람들이
암으로 신음하고 있으며, 점차로 후천성 면역결핍증 환자들도 늘고
있다.

병에 걸리면 우리는 우선 세계로부터 소외 당하고 다음으로는 세계
를 상실해 버리기까지 한다.

입원실에 누워 있을 때 가족과 친구들이 찾아와서 예전보다 훨씬 더
친절하게 대하고 힘을 내라고 격려할 때, 나는 겉으로는 힘 있는 것처
럼 웃으면서 답하지만 속으로는 쓸쓸함을 그리고 낯설음을 씹지 않을
수 없다. 이미 그들과 나는 서로 다른 사람이기 때문이다.

그런데 사람은 다른 동물과 달리 몸만 병드는 것이 아니라 마음도
병드는 존재이다. 우리는 몸이 병들기에 고통스러워하며 또한 마음이
병들기에 고뇌한다.

일본인의 앞잡이가 되어서 나라를 팔아먹기까지 했던 친일파들은
마음이 병든 사람들이었다. 오늘날에도 권력을 폭력적으로 휘두르거
나 또는 권력 앞에 비굴하게 아부하는 사람은 마음이 병든 사람이다.

인간이 자유롭다는 것은 무엇을 뜻하는가? 그것은 인간이 인간성에 의해 병을 극복해 건강을 회복할 수 있다는 것, 그리고 허무로부터 영원으로 전환할 수 있다는 것을 의미한다.

수많은 장애인들이 여러 가지 난관을 극복하면서 떳떳한 삶을 꾸려나가는 것을 볼 수 있다. 전신이 마비된 환자가 드러누워서 입에 붓을 물고 빛나는 그림을 그리는 것을 우리는 알고 있다. 우리 인간은 항상 허무냐 아니면 영원이냐 또는 죽음이냐 삶이냐의 선택 앞에 있는 것처럼 생각된다. 그러나 우리는 허무를 영원으로 그리고 병을 건강으로 이끌어 올릴 수 있기에 자유로운 인간인 것이다.

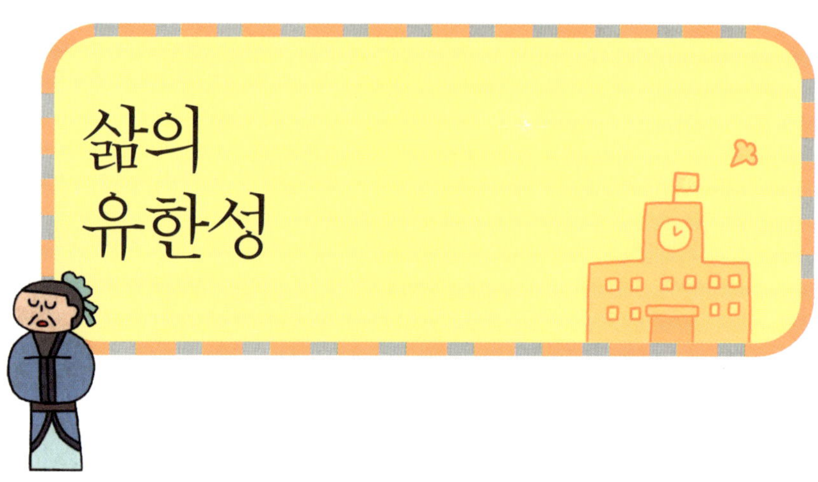

'인생은 짧고 예술은 길다'는 말이 있다. 기껏 살아야 80년이나 90년을 사는 것이 인생이다. 그러나 예술은 두고두고 전해진다. 옛사람은 간 곳을 알 수 없어도, 웅장한 절이나 그림, 노래는 그대로 남아 있다.

그렇지만 다시 지구상에 빙하기가 찾아오거나 아니면 지구의 종말이 올 경우 예술도 남아 있겠는가? 그렇다면 결국 인생도 짧고 예술도 짧은 것이다.

우리의 삶은 유한하다. 중국의 진시황은 영원토록 살기 위해 사방팔방으로 신하들을 시켜서 불로초를 구하도록 했다고 한다. 산삼이나 흰 뱀이 엄청나게 비싼 것도 그것들이 건강을 보장해 준다고 생각하는 민음 때문이다.

지금까지 얼마나 많은 사람들이 유한한 삶을 초월해 영원히 살려고 갈망했는지는 알 수 없다. 유한한 삶이라고 할 때 그것은 짧다는 것만을 의미하지는 않는다. 인간은 제한된 능력을 가진다. 제아무리 빨리 달리는 인간이라도 빛처럼 빨리 달릴 수는 없다. 제아무리 천재라도 이 세상의 모든 것을 알며 모든 것을 제 마음대로 할 수는 없다.

삶의 유한성을 극복하려는 노력은 문명과 문화를 통해 나타난다. 문명은 인간이 물질적인 유한성을 극복하려고 한 결과의 산물이다. 뗏목에서 범선으로 그리고 다시 기선에서 원자력선으로 배는 발달했다. 수레에서 자동차로 그리고 연에서 비행기로 그리고 우주선과 인공위성으로 발달이 진행되었다.

유전공학은 우리에게 더 많은 식량을 공급할 수 있는 기술을 개발했다. 급속한 과학 문명의 발달에 의해 우리는 더 많은 자원을 개발할 수 있었으며 더 풍부한 에너지를 공급할 수 있었다.

하지만 아무리 그렇다 해도 모든 것은 유한하다. 식량은 여전히 부족하며 자원도 여전히 부족하다. 우리는 삶뿐만 아니라 자연 역시 유한하다는 것을 알 수 있다.

제아무리 반복해서 단어를 외워도 외워지지 않은 경험을 누구나 갖고 있다. 한번 풀어 본 수학 문제인데도 다시 풀려고 하면 새삼스럽게 느껴지고 콱 막히고 만다. 한 줄의 시를 이해하려고 해도 무슨 뜻인지 전혀 들어오지 않는다. 이럴 경우 우리는 한계에 부딪혀서 절망에 빠진다.

어디 그뿐인가? 사랑하는 여학생에게 긴 메시지를 써 보내도, 다정한 목소리로 전화를 걸어도, 등굣길에 가까이 따라가면서 말을 걸어 봐도 여학생은 냉담하기만 하다. 밤새도록 영어 공부를 하고 학교에 와도 영어 시간에 선생님은 언제나 틀렸다면서 노력이 부족하다고 야단만 친다. 우리는 항상 나 자신의 능력의 한계를 뼈저리게 느끼며 한숨짓는다.

과연 유한한 삶은 극복할 수 없는 것일까? 석가모니는 모든 것이 집착의 환상이니 이 환상을 깨뜨리고 깨달음의 경지에 들어가라고 했다. 소크라테스는 델피신전의 신탁에 따라서 '너 자신을 알라'고 했다. 예수는 '나는 길이요 진리요 생명이니 나를 믿는 자는 구원을 얻을 것'이라고 했다. 공자는 군자(君子)의 경지란 아무것도 거칠 것이 없다고 했다. 이들의 말은, 곧 인간이 삶의 유한성을 극복할 수 있다는 사실을 암시한다.

인간이 자아를 통찰해 삶의 유한성을 체험할 때, 비로소 삶의 유한성을 극복할 수 있는 문이 열리기 시작한다.

불치병이라고 알려진 어떤 암에 걸려 신음하던 여인이 있었다. 우연히 기독교를 믿으면서 이 여인은 자신을 통찰하기 시작했다.

'지금까지 남을 무시하고 내 주장만 했는데 도대체 내가 무엇이란 말인가? 지금까지 그토록 아끼고 절약했던 돈이란 도대체 무엇일까? 나는 오히려 나의 아름다움만을 그리고 나의 편안함만을 추구하지 않았던가? 이처럼 불치병에 걸려 쓸모없고 추하게 된 내가 할 수 있는 일은 무엇일까? 나는 이제 없는 것과 마찬가지이다. 인간은 하찮은 존재이다. 그래. 이 생명이 다할 때까지 내가 살아온 모습을 상세히 글로 쓰자.'

이 여인은 고통과 고뇌를 씹으면서 지금도 자기가 살아온 길을 열심히 글로 옮기고 있다.

꿋꿋한 삶을 살아가며 자기의 유한한 삶을 통찰하는 사람이 어찌 이 여인뿐이겠는가? 율브린너라는 배우는 암에 걸려 죽는 순간까지도 무대에 섰다고 한다. 정신분석학자 지그문트 프로이트*는 예순일곱 살에 처음 구강암 수술을 한 후, 여든세 살에 죽기 전까지 서른세 번의 구강암 수술을 받았다고 한다.

인간의 정신은 자기를 통찰함으로써 유한한 시간과 공간을 뛰어 넘는다. 단 5분의 음악은 우리에게 영원한 시간을 제시해 주며, 좁은 공간을 차지한 한 폭의 그림은 무한한 공간을 우리에게 손짓해 준다.

예술은 무한한 공간과 시간을, 학문은 영원한 진리를 그리고 종교는 초월적인 믿음을 우리에게 알려 준다.

인간은 유한성 안에서 유한성을 극복할 줄 아는 유일한 동물이다.

생각해 볼 문제

1 니체는 인간을 '신과 짐승 사이의 다리'라고 했는데, 이 말은 무엇을 뜻하는가?

2 나의 괴로움은 어떤 것인가를 생각해 보자.

3 신체적 질병과 정신적 질병의 관계를 생각해 보자. 신체적 질병과 정신적 질병의 차이는 무엇일까? 그리고 이들 두 가지 질병을 극복할 수 있는 방법에 관해 이야기해 보자.

4 인간은 허무함을 자주 느낀다. 우리는 어떤 경우 허무를 뼈저리게 체험하는 것일까? 질병과 허무 그리고 죽음과 허무의 관계에 대해 토론해 보자.

5 '인생은 짧고 예술은 길다'는 말의 뜻을 음미해 보자. 우리가 어떻게 유한한 시간과 공간을 뛰어 넘을 수 있는지 생각해 보자. 그림이라든가 음악의 예를 참고하자.

사랑은 달콤한가

남녀 간의 사랑

지혜에 대한 사랑

영원한 사랑

사랑이라는 말은 매우 묘한 말이다. 사랑에 울고 사랑에 웃고, 목숨을 바치도록 사랑하오, 이 생명 다 하도록 사랑하리……. 만일 사랑이 없다면 우리의 삶은 어떠할까?

인간은 사랑할 줄 아는 동물이다. 짐승들도 물론 사랑한다고 말할 수 있겠지만 짐승들의 사랑은 본능적인 것이다. 비록 원앙이나 제비 부부의 사랑이 깊다고 할지라도 어미 새가 새끼 새에 대해 가지는 애정은 제한되어 있다. 새끼들이 자라서 성숙하면, 새끼 새들은 어미를 영영 떠나 버린다. 짐승들은 본능의 수레바퀴를 끊임없이 돌리고 있다.

젊은 날의 사랑, 그것은 말만 들어도 가슴이 설렌다. 한마디로 사랑은 순수하고 아름다운 것이다.

영미는 간호조무사였다. 종합병원에서 2년 넘게 열심히 일한 덕분에 상당한 돈을 저축할 수 있었다. 어느 날 우연히 친구의 소개로 영찬이를 알게 되었다. 영찬이는 영미보다 두 살 위로 스물다섯 살의 건장한 청년이었다.

"나는 중학교밖에 못 나오고 지금은 정비 공장에서 일을 배우는, 내세울 만한 것이 없는 놈입니다."

"저도 내세울 게 없어요. 단지 성실하게 노력하는 게 우리의 전 재산이라고 생각해요."

영미와 영찬이는 첫눈에 서로 반해 버렸다. 틈날 때 둘이는 공원을 거닐며 지난날의 이야기, 고향 이야기에 날 저무는 줄 몰랐다.

그러나 둘이 사귄지 세 달이 지난 후부터 영찬이는 영미와의 약속을 수시로 지키지 않았으며, 정비 공장에도 자주 나가지 않았고, 술로 밤을 지새우는 일이 많아졌다. 영미는 영찬이의 하숙방에 찾아가서 애원했다.

"영찬 씨, 우리는 아직 젊어. 하지만 젊어서 시들면 다시는 일어설 수 없어. 나도 연약한 여자이지만 야근까지 하면서 장래를 계획하는데 그토록 건강하던 영찬 씨가 어찌된 거야?"

"영미 씨, 이젠 더 이상 나를 찾지 말아 줘. 나는 아무런 가망이 없어. 공장에서 도대체 몇 년을 더 일해야 정식으로 정비사가 될지 까마득해. 시골 부모님도 내겐 전혀 무관심한걸. 나는 배운 것도 없고 기술도 없고 아무도 도와주는 사람이 없어. 나를 위로해 주는 건 술밖에 없어."

영미는 하루가 멀다 하고 영찬이를 찾아가서 설득하고 달랬다. 그러기를 두 달이나 계속하다가 어느 날 영미는 큰 결심을 했다.

"영찬 씨, 이제 기운을 내 봐! 자, 이거 지금까지 내가 저축한 거야. 영찬 씨가 관리해 줘. 어제 정비 학원에 가서 내가 대신 등록했어. 여섯 달만 정비 학원에서 열심히 일해서 당당히 자격증을 따면 떳떳한 정비사가 될 수 있어."

그 후 5년이 지나서 영미와 영찬이는 조촐한 결혼식을 울렸다. 영미는 여전히 병원에 나갔으며, 영찬이는 모범적인 정비사가 되었다.

우리는 일생을 통해 사랑으로 기뻐하고 웃으며 사랑으로 비탄에 잠기고 한숨짓는다. 임의 이야기가 빠진 소설은 재미없으며, 사랑, 사랑 내 사랑이 빠진 노래는 신명이 나지 않는다.

사랑은 끌고 당기는 힘이다. 남녀 간의 사랑이 없다면 삶은 사막보다도 삭막할 것이다.

"엄마, 아기는 어디로 태어나?"

"기형이는 아기가 태어나는 것이 무척이나 알고 싶은 모양이지? 아기가 어디로 태어나는지는 그렇게 쉽게 알 수 없단다. 엄마가 차차 이야기해 줄게. 다만, 아빠와 엄마가 서로 끔찍이 아끼고 사랑하면 아기가 태어나는 것이란다. 기형이도 나중에 커서 어른이 되어 예쁜 색시에게 장가가서 서로 사랑하면 아기가 태어나게 된단다."

사랑은 서로 아끼는 것이다. 서로 아끼지 않으면 끌지도 못하고 당기지도 못한다. '짚신도 다 짝이 있다'는 말이 있다. 돈이 많다고, 공부를 잘한다고, 잘생겼다고 해서 참다운 사랑을 할 수 있는 것도 아니다.

아무 조건도 없이 서로 아낄 때 남자와 여자는 서로 끌며 당길 수 있다. 아무런 욕심도 없이 서로 위하려고 하는 마음의 자세를 가질 때 우리는 '첫눈에 반한다'고 말한다.

서로 아끼고 위하는 것이 어디 남녀 간의 사랑뿐이겠는가? 바다보다 넓은 어머니의 사랑, 하늘보다 높은 아버지의 사랑, 서로 나처럼 생각하는 친구 간의 사랑, 나와 한 뿌리를 가진 민족에 대한 사랑, 내 나라에 대한 사랑……. 이 모든 것들은 서로 아끼고 위하며 이해하지 않고는 있을 수 없는 인간 상호간의 사랑을 기초로 성립한다.

그러나 인간의 사랑은 영원할 수 없는 것이기에 언제나 미움을 동반한다. 한때 사랑하던 사람이 어떻게 그리 미워지는 걸까? 사랑하던 친구에게 배신 당했을 때 나의 느낌은 어떤 것일까? 심지어는 사랑하는 부모와 조국을 배반하는 사람들도 있다.

우리는 인간 상호간의 사랑이 유한함을 알기 때문에, 지혜 또는 영원한 절대자(하느님이나 신)를 사랑함으로써 부족한 인간의 사랑을 메우려고 한다.

미움의 힘과 사랑의 힘은 끝없이 서로 싸운다. 사랑의 힘이 승리하는 곳에서 우리는 참다운 인간상을 찾을 수 있다.

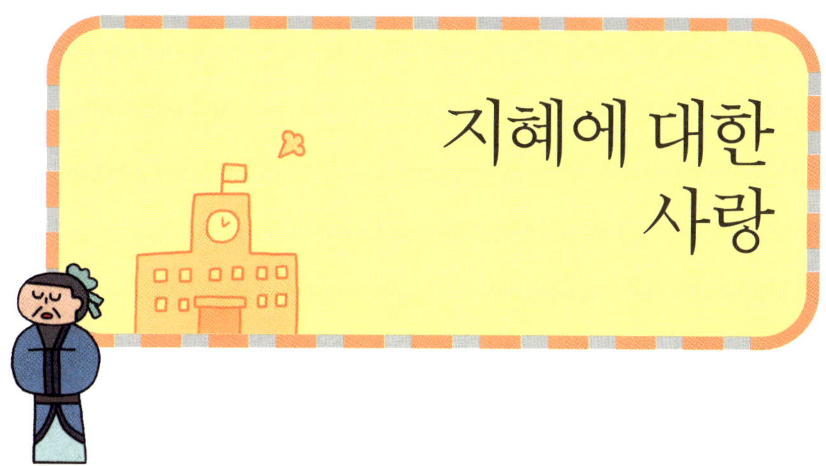

지혜에 대한 사랑

우리는 흔히 우리가 좋아하는 것을 사랑하게 마련이다. 청소년은 자기가 좋아하는 이성을 사랑한다. 나는 모든 꽃을 사랑하는 것이 아니라 내가 좋아하는 꽃을 사랑한다.

우리의 사랑은 다분히 주관적이며 이기적인 경향이 있다. 특히 부모의 자식에 대한 사랑이나 자식의 부모에 대한 사랑을 보면, 그 사랑이 지나치게 이기적이고도 주관적이라는 것을 쉽게 알 수 있다.

'피는 물보다 진하다'는 말에 사로잡혀서 오로지 내 가족만을 생각하고 다른 사람들은 염두에 두지 않는다면 사회는 어떻게 될 것인가? 자기 자식이 일류 대학에 들어가서 장차 높은 자리에 앉기를 바라는 마음에서 모든 것을 자식에게 바치는 부모를 볼 수 있다. 엄청난 돈을 들여서 남모르게 과외 공부를 시키며 자식이 원하는 것은 무엇이든지 해 주는 부모도 있다.

못 먹고 못 입어서 가난에 찌들고 병든 어린아이들이 허다하며, 가정이 없는 고아들도 많은데 모든 부모들이 단지 내 자식만을 위한다면 결코 밝은 사회가 보장될 수 없다.

사랑이란 널리 퍼질수록 값진 것이다. 우리는 가끔, 구두를 닦으면서 또는 가난한 봉급생활을 하면서 불우한 이웃을 남몰래 숨어서 돕는 이들을 볼 수 있다. 이런 사람들은 사랑을 널리 퍼뜨리는 사람들이며, 이들에 의해 열린사회의 희망이 항상 우리 앞에 전개되는 것이다.

삶은 하나로서 하나의 삶은 두 가지 모습을 하고 있다. 우선 일상적인 삶을 말할 수 있으며, 다음으로는 정신적인 삶을 이야기할 수 있다. 이들 두 가지는 매일매일의 생활에서 뚜렷하게 구분되지 않고 서로 뒤섞여 있다.

밥 먹고 일하고 잠자는 생활은 끊임없이 반복하는 것이므로 일상적인 삶에 속한다. 그러나 창조적이면서도 자기반성적인 생활은 정신적인 삶에 속한다.

예술과 학문과 종교는 인간의 정신적인 삶을 대변한다. 아름다움을 추구하며 구성하는 활동은 반복되는 기계적인 일상생활의 활동과 동일할 수 없다. 회사원이 컴퓨터 앞에 앉아서 일에 쫓기면서 능력을 최대로 올리려고 할 경우, 그에게는 얼마만큼 빠르고 정확하게 자기에게 할당된 업무를 마치느냐가 가장 중요하다. 아름다움은 업무와는 별개의 문제이다. 왜냐하면 아름다움은 기계적인 작업이 아니라 정신적인 활동에 속하기 때문이다.

인간은 또한 세계를 조화롭게 해 주며 세계를 있게끔 해 주는 원리가 될 뿐만 아니라 '나'의 정신의 원천이 되는 어떤 존재를 믿으며 예배할 수 있다. 종교적 신앙 역시 기계적으로 반복되는 일상생활과는 다른 것이다. 우리는 일상생활이 무의미하기 때문에 신을 찾으며 신의 품에 안기려고 하는 것이다.

진리를 탐구하는 학문의 정신도 무의미한 일상생활과는 차원이 다르다. 우리가 보통 말하는 '공부'는 진리 탐구와는 매우 거리가 있다. '공부'란 진리 탐구를 위한 예비 수단은 될 수 있을지 몰라도 진리나 진리 탐구와는 거리가 있다. 왜냐하면 우리가 흔히 말하는 '공부'는 단순히 기계적인 암기로 끝나는 경우가 허다하기 때문이다. 우리는 인간과 자연 그리고 사회와 세계에 대해 수많은 근본 물음을 던지며 그런 물음에 답하려고 한다.

세계에 대한 근원적인 물음과 답은 진리 탐구의 내용을 형성한다. 진리 탐구를 더 넓게 확대하면 그것은 바로 지혜에 대한 사랑이다.

마케도니아의 군인들이 아테네를 침공했을 당시 희랍의 물리학자 아르키메데스*는 기하 문제를 풀고 있었다고 한다. 군인들이 아르키메데스의 집에 들어 왔을 때도 아르키메데스는 문제 풀기에 골몰해 다른 것에 전혀 신경을 쓰지 않았다고 한다.

아르키메데스 (BC 287 ?~BC 212)
고대 그리스의 수학자이자 물리학자로 '아르키메데스의 정리'를 발견하고 수학을 발전시켰다.

인류의 문화는 진리 탐구가 쌓여서 이룩된 것이다. 만일 인간이 진리를 탐구하지 않았다면 오늘날의 세계는 어떤 모습을 하고 있을까? 그것은 아마도 짐승의 생활과 별로 큰 차이가 없는 원시생활의 모습을 지니고 있을 것이다.

지혜에 대한 사랑은 단순한 이기심이나 생활의 유용성을 초월해 인간과 세계의 원천을 캘 수 있으며, 나아가서 미래의 참다운 인간상을 부각할 수 있는 우리 인간의 탁월한 능력이다.

삶은 욕망과 집착으로 충만해 있다. 우리는 한순간도 욕망과 집착의 굴레를 벗어던지지 못한 채로 살아가고 있다.

반에서 1등을 하면 학교 전체에서 1등을 하고 싶고, 더 나아가서는 나라 전체에서 탁월한 실력을 인정 받고 싶어 한다. 어디 그뿐이랴? 먹고 싶은 것, 입고 싶은 것 그리고 가지고 싶은 것은 또 얼마나 많은가?

'사촌이 땅을 사면 배가 아프다'든가 '아흔아홉 섬 가진 사람이 한 섬 더 가지려고 한다'는 말은 바로 인간의 무한한 욕망을 가리키는 말이다. 인간은 누구나 다 마음의 병을 앓고 있다.

모든 사람이 마음의 병으로 신음하면서도 이 병을 벗어던지는 것은 쉬운 일이 아니다. 욕망과 집착이라는 마음의 병은 짐승과도 같은 입을 벌리고 조금씩 조금씩 우리의 영혼을 갉아먹음으로써 결국 인간을 시들어 버리게 한다.

영숙이는 누가 봐도 모범생이었다. 영숙이는 반장을 맡았을 뿐만 아니라 몸매도 날씬하고 얼굴도 빼어나게 예쁜 데다 공부도 반에서 1등 아니면 2등을 차지했다.

"여러분, 앞으로 다가올 크리스마스에 불우 이웃을 돕기 위해 오늘 이렇게 학급 회의를 열었습니다. 얼마만큼의 성금을 거둘 것인지, 그리고 어떤 분들을 우리가 도와야 할지 의논하겠습니다. 우선 저는 5천 원을 내겠습니다. 이 금액은 제가 이런 일이 있을 것에 대비해 미리 저축한 것입니다. 여러분도 불우 이웃을 돕기 위해 각자 나름대로 얼마씩 저축했으리라고 생각합니다."

영숙이는 늘 이런 식이었다. 영숙이에게는 남을 위하는 것이 가장 즐거운 일인 듯이 보였다.

"여러분, 그러면 이번 크리스마스에는 여러분의 정성이 담긴 성금을 가지고 바로 학교 뒤의 양로원을 찾기로 하겠습니다. 모두가 찾아갈 수는 없으니 임원들이 대신 방문해 위로하기로 하겠습니다. 여러분도 모두 찬성하리라고 믿습니다."

영숙이는 무슨 일이든 앞장서서 뛰었다. 영숙이는 한번 하려고 마음먹은 일이면 끝까지 해내고야 마는 억척스런 여학생이었다. 그런데도 많은 여학생들은 자기들끼리 모이면 영숙이의 행동이 너무 튄다고 수군거렸다.

욕망은
욕심내면
끝이 없구나.

천국의 문

CLOSED

조금만 더 벌고
훌륭하게 쓰려고
했는데…

성경에 '마음이 가난한 자는 복이 있다'는 말이 있다. 또 '부자가 천국에 들어가는 것은 낙타가 바늘구멍을 통과하는 것보다 어렵다'는 말도 있다. 가난한 것이 어찌 복이 있다는 말인가?

돈을 많이 번 사람이 자기가 번 것에 대해 이렇게 이야기했다.

"나는 지금까지 돈을 많이 벌어 행복하게 살고 다른 사람들도 행복하게 하기 위해 수많은 노력을 해 왔습니다. 처음에는 돈을 버는 것이 상상할 수 없을 정도로 어려운 일이었습니다. 그러나 이제 알고 보니 돈 버는 일처럼 쉬운 일은 세상에 둘도 없습니다. 나는 반드시 돈을 써야 할 일에 돈을 쓰지 않았으며 또 다른 것을 하기 위해서가 아니라 오직 돈을 벌기 위해서 돈을 벌었습니다. 여러분, 돈 버는 일처럼 쉬운 일도 없습니다."

하지만 누구든지 단지 돈을 벌기 위해서 돈을 버는 사람은 없을 것이다. 말 그대로 행복을 위해서 돈을 번다. 곧 돈을 훌륭하게 쓰기 위해서 돈을 번다. 그러나 많은 사람들이 훌륭하게 쓰는 것을 잠시 뒤로 미뤄 놓고, 조금 더 벌어서 훌륭하게 쓰자고 생각하기 때문에 결국 돈을 훌륭하게 한 번도 쓰지 못하고 벌기만 하다가 죽어 버리고 만다.

'낙타기 바늘구멍 들어가기기보다도 부자가 친국에 들어가기 힘든 것'은 부자는 돈만 벌다가 죽어 버리기 때문이다.

특히 현대인은 욕망과 집착의 수렁에서 각박한 마음으로 살아가고 있다. 무엇보다도 매일같이 보도되는 청소년들의 비행이나 범죄는 이런 사실을 잘 반영해 준다. 이런 시점에서 우리는 '가난한 마음'이 우리 자신을 구원해 줄 수 없을까를 생각하지 않을 수 없다. 왜냐하면 가난한 마음은 비어 있는 마음이며, 비어 있는 마음만이 나와 너 그리고 우리를 평등하게 여기며 우주의 근원에 대한 외경심을 가질 수 있기 때문이다.

불교에서는 마음의 본래 모습은 '비었다〔空〕'고 한다. 빈 그릇만이 물을 가득 채울 수 있다. 소크라테스의 '너 자신을 알라'는 말은 인간의 마음은 원래 비어야 한다는 것, 그리고 비어야만 참다운 앎을 가질 수 있다는 것을 말해 준다. 사실 우리의 앎은 모든 것이 뒤죽박죽되어 혼란한 앎이다. 나 자신의 혼란함을 비우고 맑은 '나'가 되어야만 그것에 참다운 앎을 담을 수 있다.

생각해 볼 문제

❶ 각자가 소설에서 읽은 남녀 간의 사랑을 이야기해 보자. 또 영화에서 본 남녀 간의 사랑은 어떤 것이었는지에 관해 대화해 보자.

❷ 내가 직접 체험한 이성에 대한 사랑을 생각해 보자. 바람직한 남녀 간의 사랑과 그렇지 못한 남녀 간의 사랑은 어떤 것들일까?

❸ 나는 음악이나 미술을 사랑하는지 돌이켜 보자. 수학 문제를 풀거나 영어 책을 읽을 때 어떤 이익을 계산에 넣을 경우와 그렇지 않을 경우 어느 쪽의 기쁨이 더욱 더 순수한지에 대해 생각해 보자.

❹ 지식과 지혜의 차이는 어디에 있는 것일까? 지식에 대한 사랑과 지혜에 대한 사랑 중 어느 쪽의 사랑이 더 순수하고 큰지를 생각해 보자.

❺ 욕망과 집착의 구체적인 예를 몇 가지 말해 보자. '마음이 가난한 자가 복이 있다'는 말의 뜻은 무엇일까?

6 나의 신앙은 참다운 것인지 그리고 나는 영원한 어떤 것에 대한 사랑을 체험하고 있는지 생각해 보자.

7 각자 자기의 종교관을 솔직히 털어놓고 종교적 사랑이 어떤 종류의 것인지에 관해 이야기해 보자.

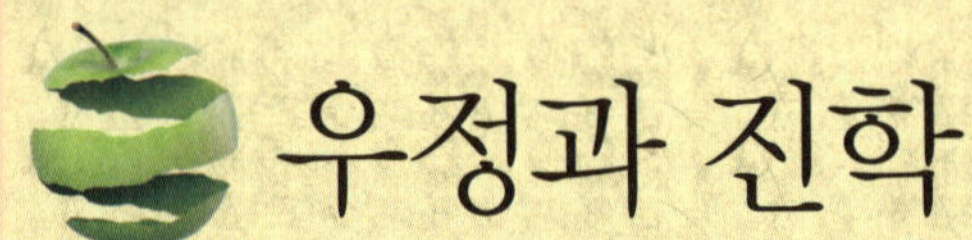

우정과 진학

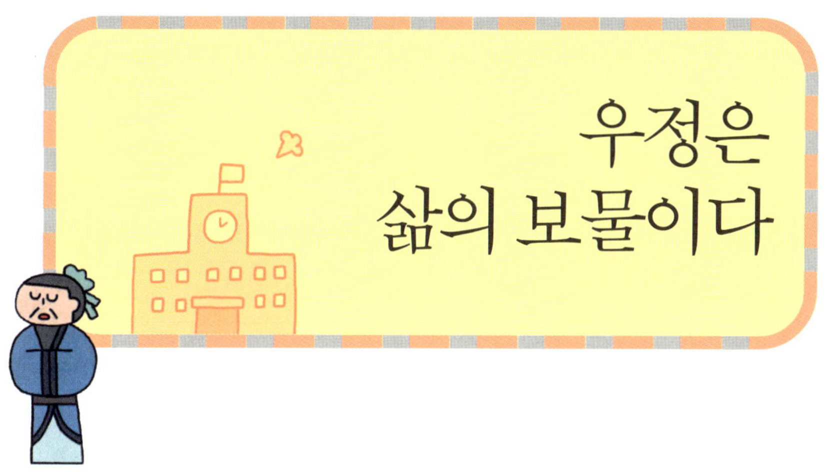

우정은 삶의 보물이다

'사랑은 내리사랑이다'라는 말이 있다. 매년 어버이날이 다가오면 유치원, 초등학교, 중·고등학교 그리고 대학교에 다니는 자녀들이 부모님의 옷깃에 카네이션을 달아 드리면서 경건한 얼굴과 엄숙한 목소리로 '어머니의 마음'을 입 모아 노래 부른다.

그런데 대부분의 청소년들은 자기들이 자식을 낳아서 기르기 전까지는 부모님의 사랑이 그토록 위대한지 어떤지 전혀 알지 못하고 단지 막연히 추측할 따름이다. 그러기에 '사랑은 내리사랑이다'라고 한다.

삶의 소중한 보물인 우정에 대해서도 이와 비슷하다. 친구 사이의 우정이 더할 수 없이 소중한 사랑이라는 사실에 대해서도 한창나이의 청소년은 '그런가 보다' 하고 막연하게 느낄 뿐이고 생생하게 체험하지 못한다. 나이가 들고 외로움을 되씹기 시작할 나이가 되면 사람들은 '정말 우정이야말로 삶의 소중한 보배야'라고 중얼거리게 된다.

어느 날 길수는 교무실에서 윤리과목 담당이신 담임선생님이 학생들의 과제물을 정리하는 일을 돕고 있었다.

"선생님, 저는 고등학교 3학년에 올라온 후 선생님을 세 달밖에 뵙지 않아서 선생님에 대해 아는 것이 별로 없지만 주제넘게 우정이 무엇인지 여쭤도 될까요?"

길수가 느닷없이 질문을 던지자 윤 선생님은 껄껄 웃으면서 길수를 바라보았다.

"다 양지가 있으면 음지가 있는 법이지."

"선생님, 죄송하지만 저는 우정에 대해 여쭈었는데, 양지가 있으면 음지가 있다니, 무슨 말씀이신가요?"

"길수야, 미안하다. 길수에 대해 조금 아는데, 반에서 계속 1등을 해왔고 전교에서도 늘 1등에서 3등 사이를 오가면서 성적이 아주 탁월했어. 그러니까 아주 친한 친구들이 없을 수밖에. 길수 너는 친구들과 사귀는 시간 대신에 공부에 몰두한 거야. 그러니까 사람은 모든 것을 다 소유할 수도 없고 자신이 원하는 모든 것을 다 성취할 수도 없는 법이지. 밝은 곳이 있으면 어두운 곳이 있듯이 길수가 공부를 잘하기 때문에 친구가 별로 없다는 거야."

"꼭 그렇지는 않은데……. 하긴 친구들이 있어도 형제처럼 친한 친구는 없어요. 제가 외아들이라서 늘 외롭긴 하지만 공부를 하면서 모르던 것을 알게 되면 너무 즐겁고 또 제가 앞으로 공과대학에 가서 인공지능 로봇을 연구해서 그 분야의 세계적 권위자가 되어야겠다고 생각하면 몸이 막 부르르 떨리면서 더욱 더 공부에 전념하게 돼요."

"길수야, 이 선생님의 말을 잘 들어 봐. 나는 인간의 삶은 소중하다고 생각한다. 왜 소중하냐고? 살 만한 가치가 있으니까. 왜 가치가 있냐고? 글쎄……. 부모형제와 친구들과 할 일이 있으니까 소중하다고 할까? 삶이란 어디까지나 사회적인 삶이 아니겠니? 인간은 가족 안에서 태어나서 가족을 떠날 수 없긴 해도 가족의 범위를 넘어서는 사회적 삶을 살지 않을 수 없어. 그렇기 때문에 사회적 삶을 원만히 하기 위해서는 우정이 필수적이지."

길수는 심각한 얼굴로 선생님의 말씀에 귀를 기울이다가 조용히 입을 열었다.

"그렇지만 선생님, 예술가나 사상가 또는 철학자나 과학자 중에는 자신의 일에 거의 파묻히듯 일생을 보낸 사람들도 있지 않아요? 물론 친구와의 우정이 사람의 됨됨이를 풍요롭게 해 준다는 것은 저도 잘 알고 있어요.

하지만 자기가 당연히 해야 할 일을 친구로 삼고 일생을 바친다고 해서 우정을 소홀히 한다고는 말하지 못할 거예요. 예컨대 장래에 제가 인공지능 로봇 연구에 일생을 바친다면 그것은 인류의 고통을 제거하려는 목적을 가진 일이니까, 우정은 물론이고 인류애♦를 담고 있다고 말할 수 있겠지요. 저는 장애인들의 불편을 덜어 주는 로봇과 질병을 진단하고 치료하는 로봇 연구에 일생을 바치고 싶어요."

> **인류애**
> 인류에 대한 사랑 또는 인류 전체를 사랑하는 일을 일컫는 말

"길수야, 너와 이 선생님은 얼핏 보기에는 서로 다른 이야기를 하는 것 같지만 실은 똑같은 이야기를 하고 있구나. 게다가 솔직히 말해서 내가 길수 너한테서 현실적이며 구체적인 우정보다 깊은 인류애에 관해서는 한 수 배우는 기분이다."

"천만의 말씀이에요. 그저 생각이 그렇다는 거죠. 저도 실은 친구가 많지는 않아도 아주 친한 친구는 몇 명 있어요. 부모님과 함께는 못할 말도 그 친구들하고는 이야기해요. 그리고 저희는 어려울 때 가족처럼 서로 돕고 기쁠 때는 함께 기뻐해요. 제가 공부에 좀 악바리라서 그렇지 저도 평범한 고등학생이라고요."

친구는 많으면 많을수록 좋겠고 우정도 깊을수록 좋겠지만, 일생을 통해서 형제처럼 서로 걱정해 주고 보살펴 주며 배려해 줄 수 있는 친구 서너 명이 있다면 그런 친구들과의 우정이야말로 이 세상의 어떤 보석보다도 소중한 보석일 것이다.

성경이나 불경 모두에 탕자 이야기가 나온다. 말썽꾸러기 아들은 집이 싫어서 돈을 잔뜩 챙겨서 가출한다. 아들은 돈이 많으니 어딜 가나 친구들이 들끓는다. 그러다가 어느 날 아들은 돈이 다 떨어지고 거지가 되었다. 돈 보고 몰렸던 친구들은 모두 다 떠나가 버리고 아들은 외톨이가 되고 말았다.

독일 철학자 칸트는 "타인을 수단으로 대하지 말고 나 자신처럼 목적으로 대하라"라고 말했다. 내 안에 있는 친구를 보고 친구 안에 있는 나를 보면서 친구들끼리 인격체로 서로 만나고 어깨동무하고 서로의 아픔과 기쁨 그리고 삶의 고뇌와 의미를 함께 짊어지고 갈 때 소중한 우정의 싹이 싱싱하게 돋아날 수 있다.

　나는 친구를 통해서 나의 삶을 풍요롭게 할 수 있고 친구는 나를 통해서 자신의 매일을 가치 있게 장식할 수 있다. 우정이야말로 인간 사랑의 가장 가까운 길이라는 것을 모르는 사람은 자기 자신에 대한 사랑마저 망각한 사람이다.

사람 됨됨이와 우정

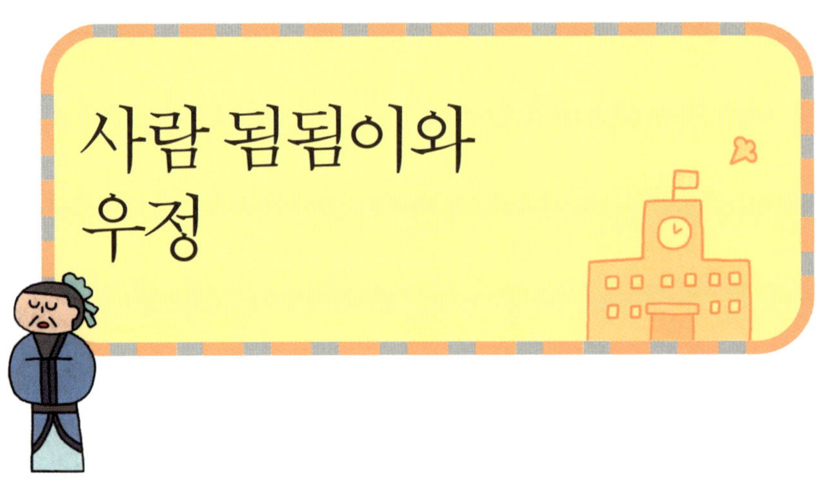

　철학 책을 들추다 보면 심심찮게 인격 주체라든가 주체적 존재라는 개념을 접하게 된다. 인격 주체나 주체적 존재라는 개념들은 특히 실존철학*에서 핵심 주제로 등장한다.

　'친구 따라 강남 간다'는 말이 있다. 제비는 날씨가 서늘해지기 시작하면 아주 멀리 떨어져 있는 따뜻한 강남으로 날아간다. '친구 따라 강남 간다'는 말은 우정이 깊은 친구가 가는 곳이면 어디든지 따라갈 수 있다는 것을 뜻한다.

　사실 우정은 삶의 보배이다. 그렇지만 사람 됨됨이가 바탕이 된 우정이라야 삶의 보배이지 모든 종류의 우정이 다 삶의 보배라고는 할 수 없다. 인격 주체의 우정이 있는가 하면 빗나간 우정도 많다.

미국 영화 중 마피아 갱단에 관한 영화들이 있다. 갱들의 우정은 서로 목숨을 아끼지 않을 정도로 깊다. 그러나 갱단의 우정은 인간자체에 대한 사랑 그리고 인류애가 결여된 것이고 오직 자기들만의 이기적인 사랑만 추구한다. 갱들의 우정은 당연히 빗나간 사랑이다.

최근 우리 사회에서도 한참 빗나간 끔찍한 우정의 현상을 가끔 접할 수 있다. 얼마 전 초등학생들끼리 그것도 학교 운동장 구석에서 어른들의 성관계를 흉내 냈다는 언론보도가 있었다. 그 다음에는 이웃의 중학교인지 고등학교인지의 남학생들이 초등학교 여학생들을 성폭행했다는 기사도 나왔다. 이 사건에 관계된 초등학교나 중·고등학교 학생들의 우정은 친구에 대한 진정한 염려와 배려가 결여된 것이 아닐 수 없다.

어느 일요일 오후 진아는 엄마와 단 둘이 거실에서 도란도란 대화할 시간을 가질 수 있었다.

"엄마, 엄마도 친구들이 꽤 있죠? 엄마는 친구들과 우정이 상당히 진한 것 같아요. 엄마, 지난 주 윤리 시간에 인격 주체가 바탕으로 깔려 있는 우정이야말로 참다운 우정이라는 이야기를 선생님께서 누차 강조하셨어요. 그리고 보면 사람 생긴 게 제각각인 것처럼 우정도 가지각색인 것 같아요.

엄마, 저도 물론 우정은 소중한 거라고 생각하기는 하는데 왜 그렇게 소중한지는 잘 정리가 되지 않아요. 오늘은 시간도 있고 하니 이 딸에게 한 수 가르쳐 주실 수 없나이까?"

엄마는 차분하게 이야기를 시작했다.

"진아야, 인간은 사회적인 동물이라는 건 너도 잘 알고 있지? 인간은 다른 동물과 달리 사회적 존재◆이면서 문화적 존재◆이기도 해. 그래서 어떤 사람은 인간의 사회화와 사회의 인간화 그리고 인간의 문화화와 문화의 인간화가 조화를 이루고 진행될 때 비로소 바람직한 삶과 사회가 형성될 수 있다고 주장한단다.

진아가 지금 우정에 관해서 말했지? 그래, 네 말처럼 우정도 가지각색이고 게다가 우정에 관해서 말한다는 건 그리 쉬운 일이 아닌 것 같구나. 간단히 말해서 우정이란 친구 사이의 사랑이겠고."

"엄마 눈을 보면 이젠 나도 엄마가 무슨 말씀을 하려는 건지 대충 알 것 같아요. 결국 사람 됨됨이를 끊임없이 키워 나갈 수 있는 인간만이 보람 있는 우정의 열매를 맺을 수 있다는 말씀이시죠? 하기야, 우정을 못되게 이용해 먹는 사람도 있더라고요. 언젠가 신문에서 봤는데 친구들끼리 술 먹고 돈 문제로 다투다가 잔인하게 칼로 찔러서 죽였대요. 친구에게 속고 사기 당했다는 이야기도 많이 들었어요. 어떤 심리학자는, 나의 소중함을 아는 사람은 남이 소중함을 알며 따라서 우리의 사회와 삶의 소중함을 안다고 말했잖아요. 나의 소중함을 알기까지 스스로 생각하고 행동하며 반성하는 힘든 과정이 있어야만 결국 우정의 소중함도 깨달을 수 있을 거 같아요."

엄마는 인자한 눈빛으로 진아를 바라보았다.

“진아야, 네가 내 딸이라서가 아니라 한 청소년으로서 올바르게 성숙한 것에 대해서 나는 한없이 고마운 생각뿐이란다. 사람은 누구나 자신의 소중함을 알고 자신을 항상 염려하고 배려하지 않니? 그런데 네가 친구 영미, 혜연이, 송민이 등을 너 자신처럼 걱정하고 배려하는 걸 보면, 네가 우정의 소중함을 잘 아는 것 같아서 이 엄마는 더할 수 없이 기쁘단다. 아주 먼 훗날 너희가 늙어서 할머니가 될 때까지 그런 우정을 변치 않고 지닐 수 있다면 그거야말로 하늘이 내려 준 축복일 거야.”

“엄마, 이 딸은 엄마가 생각하는 것처럼 사람 됨됨이가 그렇게 훌륭하지는 않아요. 나도 아주 고약한 성격이 있다니까요.”

“인간은 누구나 부족한 법이야. 부족하니까 서로 아웅다웅하고 크게 다투기도 하지. 그렇지만 곧 뉘우치고 내 안의 친구 그리고 친구 안의 나를 보듬을 줄 알 때 진정한 우정이 열매 맺을 수 있어.”

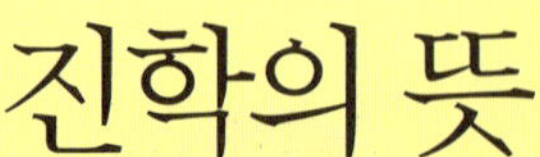

진학의 뜻

매일 우리는 수많은 물음들을 던지고 답하면서 하루를 보낸다.

"오늘은 학교에 가서 무엇을 하지?"

우리의 삶 자체는 물음과 답의 연속 과정이다.

"인간의 본질은 무엇인가?"

"그것은 이성일까? 아니면 동물적인 본능일까?"

"자크 라캉*이라는 현대 프랑스의 정신분석학자는 남자도 없고 여자도 없으며 따라서 성관계도 없다고 말했다는데, 그것은 도대체 무슨 뜻일까?"

"남자나 여자나 성관계는 모두 우리가 상상하고 상징해서 단어로 만든 것들이니까 그런 것들은 없는 것이고 우리가 직접 생생하게 체험하는 현실 세계만 있다는 뜻일까?"

"라캉은 한 사물이나 사태에 관해서 여러 관점에서 볼 수 있다는 사실을 말하려고 한 거야. 예컨대 한 여학생을 놓고 우리는 '여자다', '인간이다', '어느 집의 둘째 딸이다', '김포의 어떤 여자고등학교 2학년 학생이다' 등 여러 가지 관점에서 말할 수 있어. 어떻든 간에 라캉이란 사람은 아주 약고 묘한 사람이야."

청소년들은 모든 사물과 사태에 대해서 의심을 갖지만 동시에 경탄하기도 한다. 그리스의 철학자 플라톤, 아리스토텔레스와 프랑스의 근대 철학자 데카르트◆ 그리고 독일의 관념론◆ 철학자 셸링◆ 등에 의하면 철학의 싹은 의심과 경탄이다. 일상생활은 반복하는 무의미한 삶의 연속이다. 일상생활의 하루하루는 별 의미 없이 흘러가며 지나쳐 버린다.

단순한 '지나침'이 일상성의 특징이기 때문에 우리는 매일 권태의 늪에서 허덕이면서도 빠져나올 줄 모른다. 청소년들이 자기들의 질풍노도의 지평을 극복하고 개성을 가진 성인으로 성숙할 수 있는 가장 중요한 계기는 바로 의심과 경탄이다.

의심과 경탄은 자기 성찰의 열쇠인 동시에

라캉(1901~1981)
프랑스의 철학자·정신분석학자. 언어를 통해 인간의 욕망을 분석하는 이론을 정립했다.

데카르트(1596~1650)
프랑스의 철학자·수학자·물리학자. 근대철학의 아버지로 불리며 방법적 회의(懷疑)를 통해 세계에 관한 인식을 유도했다.

관념론
관념이나 관념적인 것을 실재적 또는 물질적인 것보다 우선으로 보는 입장

셸링(1775~1854)
독일의 철학자로 헤겔의 사상을 '소극 철학'으로 보고, '적극 철학'을 연구하여 '이성'과 '체계'를 깨트리는 실존철학의 문을 열었다.

철학적 성찰의 시발점이기도 하다. 정확히 말해서 사춘기 전후의 시기가 청소년기에 해당한다. 사춘기를 거치면서 남녀 청소년은 당황하고 방황한다. 신체 성장은 급속히 이루어지는 데 비해서 정신의 성장이 따라 주지 않기 때문에 청소년들이 자신의 삶에 관해서 당황하고 방황하는 것은 당연하다.

중·고등학교에 다니는 청소년들의 키, 몸무게는 물론이고 생리학적인 섹스 능력도 이미 성인 수준에 도달해 있다. 청소년을 사회가 아직 법적으로 성인으로 인정하지 않는 이유는, 청소년들은 비록 신체적으로는 성인과 거의 똑같다고 할지라도 사회·문화·정신적으로 미숙해서 현실 사회에 제대로 적응하지 못하기 때문이다.

어느 일요일 오후, 진아는 아파트 단지에 있는 커피 전문점에 들러 오랜만에 카푸치노 한 잔을 시켜 놓고 아파트를 들락거리는 차량과 사람들을 물끄러미 바라보고 있었다.

"진아야! 너 웬일이니? 혼자서 철학하는 거야?"

민수가 앞자리에 앉으면서 반가운 목소리로 진아를 놀라게 했다.

"깜짝이야! 하여간 사람 놀라게 하는 데는 선수야. 너도 답답해서 커피 한잔 하러 들른 거야? 어른이 되기 전까지는 커피가 나쁘다는데 나쁜 건 왜 마시려고 그러니?"

"남 말하지 말고……. 엄마한테 야단맞아서 나왔어."

"넌 야단도 자주 맞는다. 오늘은 또 무슨 일로 야단맞은 거야?"

"그놈의 대학 진학 문제지, 뭐긴 뭐야?"

"그게 뭐 그렇게 죽고 못 사는 큰일이라고 야단치고 야단맞고 그러니? 나처럼 일찍부터 의사가 되기로 작심하고 수학이랑 생물, 물리, 화학 등을 열심히 공부하면 진학 때문에 야단맞을 일이 없잖아?"

"진아야, 너 내 별명이 괜히 컴닥터인 줄 아니? 아직은 고등학교 1학년 학생이지만 나 나름대로의 계획이 있어. 앞으로 2년간 프로그래밍에 관한 이론과 실기를 나름대로 다 섭렵한 후에 컴퓨터 프로그래밍 회사를 창립하는 게 내 꿈이야.

마이크로소프트의 빌 게이츠를 좀 봐! 하버드대학교 재학 시절에 공부보다 연구와 사업이 더 중요하다고 생각하고 그 좋다는 하버드대학을 때려치웠어. 나는 내 꿈이 영글면 고등학교를 때려치울 거야.

너, 내 속이 얼마나 답답한 줄 알기나 해? 엄마나 아빠는 전혀 이해할 생각도 하지 않고 나를 미친 놈 취급하려고 해!"

민수의 눈에는 눈물마저 맺혀 있었다. 민수는 진아가 조금이라도 자기편을 들어 주고 위로해 주기를 간절히 바라는 눈치였다.

"내가 언제 한번 너네 엄마, 아빠를 만나서 말씀을 좀 나눠 볼까? 나도 우리 엄마, 아빠와 가끔 진학에 대해서 서로 진지하게 대화하고 있어. 고등학교를 졸업하고 대학에 꼭 진학해야 하는지 아닌지에 관해서는 한마디로 간단하게 이래야 한다, 저래야 한다는 말로 결론 내리기가 쉽지 않아.

내가 민수 너라면 꿈을 포기하지 않고 나아가면서 그 분야의 전문가들과 상담하고 조언을 구하겠어. 그러면서 엄마와 아빠에게 설명하고 설득하면서 대화하고 도움을 구해야겠지. 물론 맘처럼 쉽지는 않겠지만 고등학교는 최소한 졸업하고 창업을 할지 진학할지를 결정하는 것도 현명한 방법이 아닐까?"

 진학이라는 높은 벽 앞에서 전율하면서 어찌할 바를 모른다. 진학은 대학 입시에 직결되고 대학 입시는 도저히 말로 표현할 수 없는 스트레스를 몰고 온다. 청소년들은 부모나 형제 그리고 선생님이나 친구들과 진학 문제에 대해서 충분히 대화하는 시간을 가질 때 비로소 큰 후회가 없는 미래를 맞이할 수 있다.

인간 이외의 동물은 대부분 태어나자마자 본능적으로 자연에 적응하면서 삶을 이끌어 나간다. 인간은 독립해 주체적 존재로 삶을 영위하기 위해서 거의 20년에 가까운 시간을 교육과 훈련에 할애한다. 짐승들은 자연적·본능적 존재인 데 비해 인간은 사회적·문화적 존재이다. 인간이 장구한 역사를 지닌 사회와 문화에 적응하기 위해서는 20년의 시간이 필요하다.

우리 인간 각자가 사회와 문화에 적응하면서 자신의 적성과 직업을 발전적으로 수행할 때 개인과 가정과 사회는 건전할 수 있다. 한 인간이 성인이 되어 사회 안에서 어떤 직업을 가지고 성공적으로 일하는가 하는 문제는 우리가 청소년 시절부터 미리 준비해야 할 중요한 과제가 아닐 수 없다.

일단 진학을 결정한 청소년은 진학해 자신의 사람 됨됨이, 적성, 능력, 사회·문화적인 소양 등을 마음껏 기우겠다는 희망을 다질 필요가 있다. 게다가 진학을 위한 성실한 준비 태세가 필수적으로 요구된다.

우리의 삶이 매 순간 고달프더라도 우리가 내일을 기대하는 것은 내 안에 희망의 별이 반짝이기 때문이다.

생각해 볼 문제

❶ 사랑의 종류를 말해 보고 우정이란 어떤 종류의 사랑인지 친구들끼리 토론해 보자.

❷ 사회적 삶을 원만히 하기 위해서는 우정이 필수적이라는 의견에 대해 찬성과 반대의 입장을 가지고 토론해 보자.

❸ 친구들 사이에 우정이 없다면 학교 생활은 어떠한 모습으로 변할지 가정해서 이야기해 보자.

❹ 진학의 의미는 무엇인가?

❺ 진학하지 않을 경우 청소년은 어떤 근거에서 그리고 어떻게 미래의 일을 구상해야 할 것인가?

4장

철학에 대한 성찰

철학에 대한 편견

미신의 힘

순상이는 대학 입시를 두어 달 남겨 놓고 어머니를 따라서 점쟁이를 찾았다. 순상이도 대학 입시에 자신이 없었지만 어머니는 순상이보다 한층 더 갈팡질팡했다. 순상이는 점을 그다지 신통하게 생각하진 않았지만 혹시나 하는 기대감과 아울러 어머니가 하도 성화하는 바람에 못 이기는 체하고 따라 나선 것이다.

점쟁이 집에는 이삼십 명의 남녀노소가 대기실에서 쪽지를 받아 들고 순서를 기다리고 있었다.

"노 보살님은 원래 점쟁이가 아니라 무당이었대요. 전에는 굿거리만 하다가 몇 년 전부터 이곳에서 점만 친대요. 다른 건 하지 않고 관상과 골상만 보고도 모든 걸 척척 알아맞힌다지 뭐예요."

"그래서 사람들이 족집게 무당이라고들 부르나 봐요. 작년에 우리 아이가 아파서 노 보살님에게 왔더니 집터가 나쁘다는 거예요. 그래서 이사를 했더니 아이가 글쎄 몰라보게 튼튼해졌지 뭐예요."

이 구석 저 구석에서 수군수군 왁자지껄 북새통이었다. 순상이는 지루한 시간을 꾹 참고 최대한 인내심을 발휘하지 않을 수 없었다. 얼마쯤 지나자 순상이 차례가 되어 옆방으로 들어갔다.

"대학 입시 때문에 왔군. 얼굴만 봐도 뻔해. 일류 대학은 떨어져. 그렇게 쓰여 있어. 이류 대학 중에서 제일 좋은 대학을 지원하면 누워서 떡 먹기야."

노 보살님이 다짜고짜 고함을 지르자 어머니는 겁먹은 얼굴로 그저 감지덕지하다는 표정이었다.

"보살님 말씀대로 하겠습니다. 그러면 어느 대학을 가야 할지 꼭 집어서 말씀해 주시겠습니까? 제 아들 놈은 의과대학엘 가야 하는데 괜찮겠습니까?"

"잔소리가 많군. 나를 어떻게 보고 그따위 소린가? 이류 대학 중 제일 좋은 학교면 뻔한 거지. 자, 알아서 가. 난 시간이 없어."

순상이는 그 후 소위 이류 대학 중 제일 좋다는 학교의 의과대학에 응시했지만 떨어지고 말았다.

현대 산업사회에서 우리는 정확하게 생각하며 합리적으로 살아가는 것을 바람직한 삶이라고 생각한다. 그리하여 미신은 어리석은 것으로서 원시인이나 야만인들의 것으로 생각하기 쉽다.

그러나 인간은 신도 아니고 기계도 아니므로 언제나 미신의 요소를 지닌다. 특히 우리가 살고 있는 지금의 이 땅은 과거와 현재가 뒤섞여 있으며 전통문화와 외래문화가 정리되지 않은 채로 혼합되어 있어서 어느 다른 곳보다도 미신이 강한 힘을 떨치고 있다.

그런데 미신은 무엇이고 사람들은 왜 미신을 믿을까?

확실히 미신은 원시적 색채를 강하게 띤다. 태고의 인간들은 바람, 돌, 해, 바다 등 모든 자연물이 생명력을 가지고 있다고 믿었으며, 심지어는 자연물이 인간의 능력을 초월하는 힘을 가진 것으로 믿었다. 오늘날에도 여기저기에서 그런 흔적은 쉽사리 찾을 수 있다.

현대인은 돈과 권력 그리고 기계가 인간의 삶을 좌우하며 그것들이 인간을 행복하게 해 줄 수 있다고 믿는다. 그러나 돈과 권력과 기계는 우리의 삶에 필요한 것이긴 해도 결코 절대적인 것일 수는 없다. 돈과 권력과 기계가 제아무리 많을지라도 그것들이 인간의 행복과 직결되는 것은 아니기 때문이다. 돈과 권력과 기계에 대한 무조건적인 믿음은 현대인의 대표적인 미신이다.

그릇된 신념, 부분적인 믿음 또는 성숙하지 못한 생각 등은 미신과 직접 연결된다. 우리는 누구나 나 아닌 타인이나 자연에 대한 두려움, 생존 욕구를 충족하려는 자기방어 및 자신의 능력이나 가치에 대한 불확실성을 가지는데, 이런 입장은 바로 인간의 능력을 초월하는 대상을 요구하며 그것에 의존하게끔 한다.

미신은 초월적인 것에 의존함으로써 불행을 회피하려는 인간의 행동방식이라고 말할 수 있다.

미신의 종류는 우선 점, 굿, 성명철학 등 공공연하게 알려진 사회적인 것과, 각 개인이 가진 특유한 것 등 너무 많아서 일일이 열거하기 힘들 정도이다.

오늘날에도 상당히 많은 사람들은 미신과 철학을 구분할 줄 모르고 있다. 인간의 고뇌를 해결해 주며 세계의 모든 신비스런 비밀을 밝혀 주는 것이 철학이라고 믿는다면, 철학과 미신의 차이는 전혀 없어지고 만다. 미신은 항상 초월적인 외부의 대상이나 힘에 의존하기 때문에 인간의 자발성을 배제한다. 그러나 철학은 인간으로 하여금 끊임없이 내면에서 고뇌함으로써 인간과 세계의 문제를 제기해 통찰하게 한다.

자발성과 자기 결단이 없다면 철학은 불가능하다.

미신을 신봉하는 사람들은 미신이 확실한 앎, 선과 악에 대한 가치, 아름다움과 추함의 기준을 결정해 준다고 믿으며, 언제나 초월적인 것에 복종함으로써 행복을 얻고 불행을 피할 수 있다고 믿는다.

그러나 인간의 인간다움은 부분을 벗어나 전체를 볼 때 비로소 참다운 모습을 지닌다. 역사의 진행은 신화에서 이성으로 흐른다. 미신을 고집하는 한 우리는 전체를 못 보고 부분에 집착할 것이다.

미신은 믿을 만한가

우리의 생활 깊숙한 곳에는 언제나 미신적인 요소가 진하게 깔려 있다. 그것은 원시인에게 있어서나 현대인에게 있어서나 마찬가지이다. 인간은 연약하고 유한하기 때문에 자기보다 강한 것이 되고 싶은 욕망, 그리고 심지어는 인간을 초월하는 힘을 소유하려는 욕구를 항상 내면에 가지고 있다.

꽤 오래전 초능력자로 알려진 유리 겔라라는 사람이 우리나라에 온 일이 있었다. 헤아릴 수 없이 수많은 사람들이 텔레비전 앞에 모여 초능력자 유리 겔라를 따라서 그가 시키는 대로 하기도 하고 그의 묘기를 입 벌리고 쳐다보기도 했다.

대학교에서 물리학을 공부하고 현재는 경영학과 교수로 있는 사람이 당시 자신의 느낌을 동료들 앞에서 감탄과 존경이 섞인 음성으로 이렇게 말했다.

"확실히 유리 겔라는 보통 사람이 아니야. 글쎄 우리 아들이 유리 겔라가 시키는 대로 오래전에 고장 난 시계를 뚫어지게 노려보고 '움직여라' 하고 소리치니까 정말 시계가 움직이는 거야. 손아귀에 쥔 씨앗이 싹트는 것도 너무 놀라운 일이야. 세상에는 신기한 일도 참 많다니까."

"송 교수의 말도 일리가 있어. 초능력도 역시 능력이지. 하지만 우리는 혹시 초능력과 마술을 혼동하는 게 아닐까? 얼마 전의 일인데, 유리 겔라가 유명하다고 소문이 나니까 미국의 내로라하는 이름 난 마술사들이 자기들 앞에서 직접 초능력을 발휘해 보라고 했다는 거야. 결국 유리 겔라는 그 자리에 나타나지 않았다는군."

유리 겔라의 이야기와 비슷한 이야기는 중국이나 우리나라 그리고 세계 각지의 어느 곳에나 있다. 소위 몸을 보이지 않게 하는 은둔술, 사람의 몸을 짐승이나 나무 또는 다른 것으로 바꾸는 둔갑술, 바람만큼 빨리 달리는 축지법 등이 모두 초능력에 속한다.

사람이 못 살고 못 머으면 꿈도 많고 바라는 것도 많게 마련이다. 미신은 한마디로 허황된 믿음이다. 그러므로 미신에 젖은 사람은 정신적인 자기 수양이 아니라 물질적인 욕망을 충족하려고 한다. 그러나 자신의 힘이 아니라 자신을 초월하는 힘에 의존하므로 욕망의 충족은 여간해서 달성되지 못한다.

사람뿐만 아니라 짐승들에게서도 일종의 미신을 발견할 수 있다. 귀를 긁적이는 개가 돌에 맞으면 개는 그 후 얼마간 귀를 긁적이지 않는다. 비둘기가 날개를 몇 번 퍼덕였을 때 모이가 떨어지면, 비둘기는 배고플 때면 으레 날개를 퍼덕이는 미신을 갖게 된다.

분명히 미신은 근거 없는 믿음이다. 그런데도 사람들이 그토록 미신에 집착하는 이유는 무엇인가?

배운 사람이건 배우지 못한 사람이건, 돈이 있는 사람이건 없는 사람이건 간에 점쟁이나 무당의 신통한 힘을 감탄하며, 작명소를 찾고 풍수지리설에 의존하려고 한다.

미신은 인간의 감정적인 만족을 채워 주기 때문에

우리에게 매력 있는 것으로 나타난다. 아침에 잠자리에서 일어나면 언제나 화투짝을 맞춰 보는 사람이 있다. 그는 화투짝을 맞추면서 횡재수가 있다느니, 임을 만난다느니, 손님이 온다느니 하면서 자신이 암암리에 지닌 욕구를 충족한다. 화투짝이 맞아 떨어지지 않으면 하루 일과가 재수 없다고 생각하기 때문에 억지로라도 맞추면서 오늘 하루는 운이 좋을 것이라고 위안한다.

미신이 인간에게 자기 위안의 수단이 된다는 것은, 곧 미신이 인간의 감정적인 만족을 충족해 준다는 것을 뜻한다. 물론 미신을 확고부동하게 믿는 사람도 있지만, 대부분의 사람들은 자기 위안의 수단으로 믿으며, 또 일부 사람들은 흥밋거리로 믿는다.

또한 미신에서 중요한 것은 자기 위안과 아울러 자기 확인이다. 예컨대 돈 많은 부인이 땅이나 집을 투기하기에 앞서 점쟁이를 찾는 것

을 볼 수 있다. 이 부인은 자기가 사려는 땅을 점쟁이가 꼭 사야 한다고 말하면 점을 일종의 자기 확인의 수단으로 이용하는 것이다. 만일 그 땅을 사서 손해를 볼 경우 이 부인은 점쟁이와 점이 엉터리라고 분노함으로써 자신의 책임을 회피할 여유를 가진다.

그런데 점쟁이가 부인이 사려는 땅을 사면 안 된다고 말할 경우, 부인은 역시 엉터리 점쟁이라고 생각함으로써 자기가 점쟁이보다 낫다고 여긴다. 이때도 역시 부인은 자기를 확인하게 된다. 어떤 경우의 미신이든 자기 확인과 자기 회피의 이중성을 가지고 있다. 그러나 여기

에서 자기 확인은 철저하고도 냉철한 자기반성에 의한 것이 아니다. 왜냐하면 미신을 통한 자기 확인은 언제나 자신의 책임을 회피하려는 동기를 가지고 있기 때문이다.

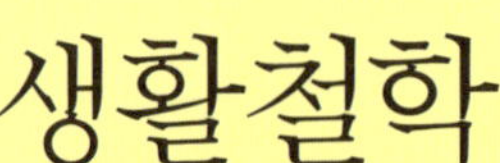
생활철학

"오늘날의 한국과 한국인이 안고 있는 가장 큰 문제는 무엇인가?"

이렇게 물을 때 우리는 어떤 답을 찾을 수 있을까?

6·25 전쟁◆, 4·19 혁명◆, 5·18 민주화운동◆ 등과 같은 뼈아픈 수난의 날들을 겪으면서도 국민 한 사람 한 사람이 허리띠 졸라매고 땀 흘려 노력한 결과 이제 우리는 헐벗음에서 벗어나 선진국 대열에 참여하기 위해 힘찬 걸음을 내딛고 있다.

요새 아이들은 나이 든 어른들이 개떡이나 소나무껍질을 먹었다는 이야기를 이해하지 못하며, 검은 고무신과 검게 물들인 뻣뻣한 무명 바지가 어떻게 생겼는지도 알지 못한다.

그러나 한국은 어디로 갈 것인가, 또는 한국인은 어떤 정신으로 살아가야 하는가라는 물음을 접할 경우 우리는 망설이지 않을 수 없다. 많은 사람들이 '건전한 상식'에 의해 문제를 해결할 수 있다고 믿으며 또한 건전한 상식이 우리의 미래를 결정할 수 있다고 생각한다.

그리고 많은 사람들은 한국인이 안고 있는 가장 큰 문제는 철학의 결핍이라고 서슴지 않고 말한다. 말하자면 건전한 상식이 결여되어 있다는 것이다.

건전한 상식은 곧 철학인가?

상식이라는 말은 일반적으로 두 가지 의미에서 사용된다.

"저 친구는 상식도 없어. 용돈을 타면 오락실에 가거나 아니면 군것질을 실컷 하고는 사흘도 못 가서 빈털터리가 된단 말이야. 그리고 다른 친구도 생각해야지. 저 친구는 그저 자기 배 채우는 것밖에 모른단 말이야."

우선 상식은 특정한 사회에서 사람들이 지키면서 살아가는 습관에 관한 지식이다. 어른에게 인사성이 부족하거나 어른 앞에서 담배 피우는 것 등은 상식을 벗어난 행동이라고 말한다. 따라서 상식이란 사회를 유지하는 데 있어서 유용한 지식이다. 그러므로 이런 상식은 사물이나 우주의 원리에 관한 진리와는 관계가 없다고 말할 수 있다.

또 다른 상식의 의미는 건전한 합리적 지식이다. 예컨대 물건을 사고 거스름돈을 받을 때 우리는 산술적 계산을 해 적절한 액수를 받는다. 가게 주인은 알맞은 물건 값을 부르고 사는 사람은 그것에 동의한다. 만일 상인이 터무니없는 값을 부르고 거스름돈도 제대로 주지 않는다면 사는 사람은 상인이 상식도 없다고 분노할 것이다. 건전한 상식은 사회질서를 유지해 주는 지식이다.

그러나 습관적인 지식 또는 건전한 사회적 지식으로서의 상식은 인간의 자기반성을 결여하고 있다. 달걀을 먹으려면 껍질을 깨야 한다. 상식이 달걀의 껍질에 해당한다면 철학은 흰자위와 노란 자위에 해당한다고 말할 수 있다.

우리는 상식을 가지고 매일매일 세상을 살아간다. '오늘은 무슨 공부를 할까?', '점심은 무엇을 먹을까?'와 같은 물음을 반복하며 하루하루를 보낸다.

간단히 말하면 상식은 '무엇을?' 그리고 '어떻게?'라는 물음을 던지며 동시에 그에 대한 답을 제시하는 지식이다. 껍질이 없는 달걀은 달걀일 수 없듯이, 우리는 상식 없이 이 세상을 살아갈 수 없다. 그러나 껍질만 있는 달걀도 달걀일 수 없는 것과 마찬가지로 상식만으로 세상을 살아간다면, 우리는 아무런 진리도 '사람됨'도 찾을 수 없다. 왜냐하면 상식적인 지식이 달걀 껍질이라면 진리에 대한 지혜는 달걀의 알맹이에 해당하기 때문이다. 나 자신과 자연 그리고 세계에 대한 근본적인 반성 '왜?'가 없는 지식은 단지 지나쳐 버리기만 하는 상식에 불과하다.

또한 상식에는 창조적 정신이 결여되어 있을 뿐만 아니라 비판 의식도 결여되어 있다. 아내는 필연적으로 남편의 뜻을 따라야 한다는 것은 오래도록 전통적인 미덕으로 여겨져 온 상식이다. 그러나 오늘날은 남녀평등의 시대이다. 남자도 여자도 모두 인격을 갖춘 인간이다. 오히려 전통은 폐쇄적인 경우가 많으므로 전통적인 상식을 날카롭게 비판함으로써, 새로운 전통을 창조할 수 있는 정신적 풍토가 풍요로운 문화를 만들 수 있다.

중·고등학생은 무조건 공부를 잘해야 한다는 것도 일종의 상식이다. 그러나 청소년들은 상식 속에서 동시에 상식을 넘어서서 자신의 적성과 능력에 맞는 길을 걸어갈 때 건전한 사람됨과 사회가 보장될 수 있다.

이렇게 보면 철학은 인간과 사회 및 자연을 본질적으로 비판함으로써 창조적인 아름다움을 정립하려고 하는 정신 작업이라고 말할 수 있다. 따라서 철학은 상식으로부터 출발하지만 상식을 깨뜨림으로써 인간의 자기반성을 가능하게 해서 인간과 사회와 자연을 항상 새롭게 구성하고 창조하는 작업인 것이다.

물론 상식과 철학은 항상 섞여 있으므로 이들 두 가지를 엄밀히 구분하는 것은 지극히 힘든 일이다. 수많은 사람들이, 철학이라고 하는 것은 사실은 어려운 단어를 사용하는 말장난에 불과하므로 참다운 철학이란 오직 상식의 철학, 곧 생활철학◆밖에 없다고 주장한다.

그러나 상식은 어디까지나 반복적이고 반성과 비판 그리고 창조를 결여하고 있는 데 반해 철학은 처음부터 끝까지 비판적이며 창조적인 정신작업이다.

피안의 철학

언제부터인가 친구들은 형석이를 개똥철학자라고 불렀다. 형석이의 옷차림이라든가 말씨 그리고 생각하는 것이 보통 학생들과 전혀 다를 뿐만 아니라 어느 누구도 쉽사리 흉내 낼 수 없는 것이었다.

"애들아, 위대하신 개똥철학자 형석 씨의 옷이 또 바뀌었어. 오늘은 새빨간 잠바야. 철학자께서 아마도 데이트가 있으신 모양이다."

"어디 그뿐이니? 어제는 머리가 길었었는데 오늘은 중처럼 아주 빡빡머리야. 형석이는 역시 별 볼일 없는 우리와는 달라."

"저 눈 좀 봐. 나도 저렇게 모든 것에 무관심하고 명상에 잠길 수 있었으면 좋겠다."

형석이는 고등학교 1학년밖에 되지 않았지만 목소리도 굵직했고 말하는 것이 언제나 할아버지 같았기에 반 학생들은 으레 형석이가 기발한 학생이거니 하면서도 항상 형석이에 관해 이야기를 했고 관심을 집중했다.

형석이의 독특한 행색에 대해서 어머니도 고개를 저을 정도였다.

"형석아, 제발 엄마 말 좀 들어다오. 비 오는 날에는 우산을 가지고 가고, 옷도 남의 눈에 덜 띄는 색깔로 골라 입으렴. 게다가 왜 양말은 안 신는 거니? 사시사철 맨발로 다니다니……. 이 엄마를 봐서라도 다른 애들처럼 행동하면 안 되겠니?"

"어머니, 지극한 관심은 감사하지만 우리 모두는 각자가 우선 자기 일에 최선을 다한 다음 다른 것에 관심을 쏟는 것이 도리라고 봅니다."

형석이의 어머니는 번번이 혀를 끌끌 찰 수밖에 다른 도리가 없었다.

보통 사람과 다르게 행동하며 자기 멋대로 생각하고 말하는 사람, 곧 현실과 무관하게 살아가는 사람을 일컬어서 철학하는 사람이라고 하는 경우가 있다. 또는 철학 공부를 너무 열심히 하다 보니까 정신이 이상해졌다는 말도 들을 수 있다.

흔히들 철학을 기초 학문이라고 말한다. 왜냐하면 철학이 수학이나 물리학 또는 역사학 등 개별 학문의 기초가 되기 때문이다. 그러므로 기묘한 옷차림이나 행동 또는 현실과 동떨어진 지각인의 생각은 말 그대로 비정상적인 것이며 철학과는 전혀 관계가 없다는 것을 잘 알 수 있다.

유전적인 소질과 환경에 따라서 사람은 공부를 하다가도 또는 노동을 하다가도 정신 이상이 될 수 있다. 정신이 이상한 사람들이 철학을 한다는 생각은, 철학이 기초 학문이라는 사실을 까맣게 모르는 사람들의 습관적인 이야기에 지나지 않는다.

철학을 현실과 전혀 관계없는 것으로 보는 또 하나의 입장은 철학을 소위 '도 닦는 것'과 동일시하는 것이다.

청년 세 사람이 있었다. 이들은 노동도 해 보고 음식이나 가게의 종업원 노릇도 해 보았지만 장래의 희망을 발견할 수 없었다.

세 청년은 늘 붙어 다녔으므로 여러 가지 궁리를 하다가 도사가 되기로 결심하고 지리산 깊은 곳으로 들어가 움막을 짓고 3년 동안 갖은 고생을 하며 명상도 하고 신체 단련도 했다.

이들은 세상의 모든 구속을 벗어던지고 자유자재로 움직이며 생각하는 것을 도사의 경지로 생각하고 열심히 정진했다. 세 청년은 산에 들어간 지 꼭 3년이 되는 날 높이가 약 30미터쯤 되는 바위 위에 나란히 서서 아래로 뛰어내리기로 했다. 아래로 뛰어내렸을 때 무사하다면 이들은 자기네가 완전히 도사의 경지에 다다른 것이라고 확신한 것이다.

한 청년은 용감히 뛰어내려 그 자리에서 숨을 거두었고, 또 한 청년은 자신이 없어서 더 수련하기로 하였고, 마지막 청년은 뛰어내리기가 두려워서 산을 등지고 도시로 나왔다.

인간의 능력은 물론 저마다 다르지만 정신적 그리고 신체적으로 일정한 한계가 있는 법이다. 인간은 꽃이 아니며 벌이나 새도 아니다. 다만 인간은 자신의 창조적 정신을 통해서만 꽃과 같이, 그리고 벌이나 새와 같이 될 수 있을 뿐이다.

도를 닦는다는 것은 마음을 깨끗하게 수련함으로써 자기의 존재를 책임질 수 있으며 또한 자발적인 인격을 형성하는 것으로 이해하지 않으면 안 된다. 만약 도를 닦는다는 것이 닥치는 대로 무엇이든 마음만 먹으면 할 수 있다는 것으로 여겨진다면 그런 도는 삶에 오히려 해만 끼칠 것이다. 소위 마인드 컨트롤이라는 것도 마음을 깨끗이 하는 것으로 이해되어야지 그렇지 않다면 시간 낭비는 물론이고 비뚤어진 인간을 탄생시킬 것이다.

어떤 사람들은 누구나 알 수 있는 쉬운 생각이나 말을 아무도 알기 어려운 것으로 만드는 일이 철학이라고 생각하고 철학이란 쓸데없는 짓이라고 여긴다. 소위 철학 교수들의 논문을 보면 그런 경향을 다분히 찾아볼 수 있다.

그러나 철학이란 어디까지나 기초 학문이므로 철학에 대한 편견을 씻어 버리면 철학 역시 수학이나 물리학처럼 일종의 학문이라는 것을 알 수 있다.

철학은 그 나름대로 사용하는 말이 있고 분야가 있으며 체계가 있으므로 아무것이나 모두 철학일 수는 없다. 수학이 나름대로의 용어가 있고 수학 문제를 풀기 어려운 것처럼 철학 역시 고유한 영역과 특징이 있다.

우리에게는 철학이 부족하기 때문에 저당치 생가하고 행동히며 철학과 철학 아닌 것을 구분 못하는 결점이 있다.

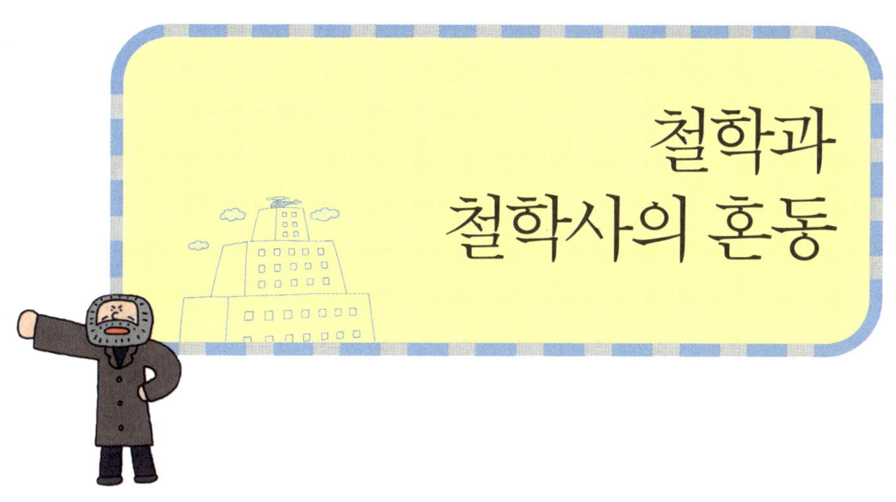

경제학과 경제학의 역사를 똑같은 것으로 생각하는 것은 잘못이다. 왜냐하면 경제학의 역사는 경제학의 한 분야에 속하기 때문이다. 철학과 철학사의 관계도 마찬가지이다. 그런데도 철학과 철학사를 동일하게 생각하는 사람들이 의외로 많음을 발견할 수 있다.

철학과 철학사를 똑같이 여기는 것은 장님이 코끼리를 만지는 것과 마찬가지이다. 어떤 장님은 코끼리 다리를 만져 보고 코끼리는 기둥처럼 생겼다고 말하고, 어떤 장님은 몸통을 만져 보고 코끼리는 벽처럼 생겼다고 우기고, 어떤 장님은 코를 더듬어 보고 코끼리는 굵은 대롱처럼 생겼다고 주장한다면 그것은 부분과 전체를 혼동하는 것이다. 철학이 전체라고 한다면 철학사는 부분이다.

어떤 사람은 유교 철학(성리학)◆에 관해서 매우 박식해 때와 장소를 막론하고 자신의 학식을 뽐낸다.

"여러분, 우리는 동양인으로서 유교를 모르면 철학을 안다고 할 수 없습니다. 우리 전통의 밑바탕에는 유교 사상이 그대로 깔려 있습니다. 부모를 공경하는 효(孝) 사상, 임금에 대한 충(忠) 사상 그리고 인간 상호간의 인(仁) 사상 등 모든 것이 근본적으로 유교 사상입니다. 따라서 공자와 맹자와 주자, 더 나아가서 퇴계와 율곡을 모르면 유교 철학을 모르는 격이 됩니다."

이 사람은 틈만 나면 '사서(四書)', '삼경(三經)'을 들먹이며 그 안에 있는 유명한 구절들을 줄줄 암송하면서 자신의 유교 철학의 학식을 보여 준다.

남들이 이미 해 놓은 것을 충분히 이해하며 아는 것도 학문의 예비 조건으로서 필요한 일이다. 그러나 남들이 써 놓은 것을 달달 암기하는 것만이 학문의 전부라고 생각하는 것처럼 위험한 일도 없을 것이다. 왜냐하면 그렇게 행동하는 사람은 영원히 자기 자신을 상실하고 오로지 남이 지시하는 것만을 절대적인 것으로 여길 것이기 때문이다.

역사는 과거의 사실을 우리에게 알려 줌으로써 현재를 더 명백히 보게 해 주며 우리로 하여금 미래를 긍정적으로 설계할 수 있는 힘을 가져다준다. 그러나 역사가 우리의 삶을 인과적(因果的)으로 나열하면서 현재와 미래를 정확하게 예측하고 삶의 의미를 명확히 밝히려는 일은 거의 무모한 작업이다.

인간의 창조적 정신에 따라서 현재와 미래 그리고 과거까지도 변하므로 역사는 변한다. 역사적 사실뿐만 아니라 역사적 사실의 의미도 변한다. 예컨대 한때 광주에서 일어난 5·18 민주화운동은 지역감정에 의해서 일어났던 부정적인 것으로 해석되었으나 현재는 자유를 찾기 위한 긍정적인 시민혁명으로 이해되는 쪽이 훨씬 더 강하다. 따라서 역사는 항상 변하는 것으로 삶의 일부이지 삶 전체는 아니라는 것을 쉽사리 알 수 있다.

어떤 불교 철학자는 불교의 이론을 상세히 알고 있으며 기회가 있을 때마다 자기의 이론적 지식을 남에게 전달하기 위해 애쓴다.

"불교야말로 이 세상의 모든 철학과 종교를 포함합니다. 원시불교는 물론이고 대승불교가 중생을 구제하려는 목적을 가지고 있습니다.

석가모니의 뜻은, 용수보살을 보더라도 달마대사를 보더라도 세상의 온갖 고통을 없애는 것으로 나타납니다.

이 세상만사는 사실 비어 있습니다. 다만 욕심 때문에 매사에 집착하며 괴로워합니다. 욕심 자체가 빈 것임을 깨달을 때 우리는 자유롭게 됩니다. 원효대사나 지눌선사가 가르친 것도 자유로운 마음을 가지라는 것 이외의 다른 것이 아닙니다."

순수한 이론은 그 나름대로 가치가 있다. 수학이나 물리학이 그것을 잘 증명해 준다. 그러나 순수한 이론일지라도 그것이 실천적 행동과 직접 또는 간접으로 관련이 있는 한에서만 가치가 있는 법이다. 실천적 행동과 아무런 관련이 없는 이론을 주장한다면 그런 이론은 공허할 뿐이다.

특히 철학의 역사만을 지루하게 나열하면서 그런 단편적인 철학사를 마치 철학인 양 주장한다면 그런 주장은 우리의 삶과는 무관한 공허한 이론에 지나지 않을 것이다.

무엇보다도 서양철학이라는 이름 아래 소개되는 철학은 대체로 철학사와 혼동되는 경향이 있다.

탈레스는 세계의 근원을 물이라고 했다든가, 플라톤은 세계를 이데아와 현상으로 나누었고, 아리스토텔레스는 사물을 원리와 재료로 구성된 것으로 보았다는 것을 많은 사람들이 암기한다. 또한 칸트는 『순수이성 비판』이라는 책을 통해 경험론과 합리론을 종합해 앎의 문제를 철저히 탐구했으며, 헤겔은 변증법으로 사회와 세계를 설명하려 했다는 것을 우리는 이해한다.

역사적 사실을 암기하고 이해하는 것 역시 중요하다. 그러나 그것 자체가 곧 철학은 아니다. 철학사는 철학의 한 분야이기 때문이다.

철학이 기초 학문일 수 있는 까닭은 근본적

인 자기비판이 바로 철학의 본질이기 때문이다. 철학사는 철학을 하기 위한 재료의 역할을 행한다. 자기비판과 자기반성은 철학의 핵심이며, 철학사는 철학을 하기 위해 요구되는 재료에 지나지 않는다. 철학은 플라톤이나 칸트라는 이름이 아니라 그들의 사상 자체를 비판함으로써 창조적인 세계를 구성하려고 한다.

생각해 볼 문제

❶ 우리 주변에는 여러 가지 미신이 있다. 아는 대로 한 가지씩 미신을 말해 보고, 어떤 근거에서 사람들이 그것을 믿는지 그리고 과연 미신은 정당성을 가질 수 있는지 토론해 보자.

❷ 축지법이나 은둔술 그리고 둔갑술 등은 모두 초능력으로 알려져 있다. 인간에게는 정말 초능력이 있을까? 자기가 듣거나 본 초능력의 예를 각자 들어 보자.

❸ 미신은 어떤 종류의 것이든 간에 이기적이며 본능적인 특징을 가지는데 왜 그런지 토론해 보자.

❹ 우리는 상식을 극복해야 한다는 말을 듣는다. 그 이유는 무엇인가?

❺ 상식을 극복할 수 있는 가장 바람직한 방법으로는 어떤 것이 있을까?

❻ 철학을 기초 학문이라고 부르는 근거는 어디에 있을까?

❼ 흔히 철학을 '도 닦는 것'과 같이 생각하는데, 이처럼 그릇된

생각이 나올 수 있었던 사회적 배경은 어떤 것이었을까?

8 철학과 역사는 어떤 관계에 있는지 이야기해 보자. 이들 두 가지는 똑같은지 아니면 서로 다른지에 관해 그 이유를 대면서 토론해 보자.

철학이란 무엇인가

경탄과 의심

철학이란 무엇인가? 이 물음에 대해 선뜻 명쾌하게 답할 사람은 아무도 없을 것이다.

지금까지 우리는 어떤 것들이 철학이 아닌지를 하나씩 가려내 보았다. 우선 미신은 철학이 아니다. 미신은 이기적인 목적으로부터 출발하며 다분히 감정의 욕망을 충족하는 것으로서, 흔히 습관적인 것이기 때문이다.

상식도 철학이 될 수 없다. 특히 상식과 습관은 밀접히 연결되어 있어서, 상식이 비록 생활에 쓸모 있기는 해도 인간의 자기반성과 자기비판을 동반하지 못한다.

또한 상상이나 공상 그리고 자기만의 기발한 행동이나 어려운 낱말

만을 들먹이는 것, 그리고 철학사를 장황하게 늘어놓는 것도 철학은
아니다.

그렇다면 '철학이란 과연 무엇인가?' 우리는 이 물음을 다시 제기하
지 않을 수 없다.

일반적으로 철학은 '지혜에 대한 사랑'으로 알려져 있다. 그러나 지
혜에 대한 사랑이라는 말 역시 뜻이 너무 광범위하고 애매해 쉽사리
이해하기 힘들다. 왜냐하면 지혜가 무엇인가 하는 물음에 우선 답을
찾아야 하기 때문이다.

지혜란 무엇일까?

지식이 많은 것이 지혜인가? 흔히 지혜로운 사람이라면 문제를 조
화롭게 해결할 줄 아는 사람을 말한다. '조화롭다'는 말은 '통일한다'
또는 '완전하다'는 말과 깊은 연관성을 가진다. 지혜로운 사람은 무엇
을, 어떻게 그리고 왜 조화롭게 하고 통일하기에 인간으로서 완전한
경지에 있다고 생각되는 것일까?

지혜란 앎과 선과 아름다움의 통일이다.

우리는 지혜로운 솔로몬 왕◆의 재판을 알고 있다. 두 여인이 젖먹이
를 놓고 저마다 자기 아기라고 다투다가 솔로몬 왕의 지혜에 의하여
재판을 받기로 했다. 골똘히 생각하던 솔로몬
왕은 두 여인에게 아기를 칼로 잘라서 가져가
라고 한다. 진짜 엄마가 되는 여인은, 아기가
가엾고 끔찍한 일이라 아기를 살리기 위해서
라도 칼을 잡지 않을 것이 뻔하다.

솔로몬의 지혜는 어느 여인이 아기의 친어머니인지를 알게 해 주었으며, 어머니의 착한 마음을 밝혀 주었고 어머니의 아기에 대한 사랑이 얼마나 아름다운지를 증명해 주었다.

그러므로 지혜는 앎과 선과 아름다움의 조화이며 통일인 것이다.

삶의 목적은 무엇일까? 오로지 돈만을 위해서 또는 출세만을 위해서 살아가는 사람들이 있는 것 같지만 그들 역시 돈과 출세를 삶의 목적이 아니라 수단으로 생각할 것이 분명하다. 그들 역시 행복하기 위해서 그토록 돈과 출세에 집착한다. 돈과 출세를 행복하기 위한 수단으로 생각하면서도 돈과 출세에 일생을 매달리다가 세상을 떠나는 사람들은 스스로 역설적인 삶을 살아온 셈이다.

인간이 행복하기 위해서는 앎과 선과 아름다움의 통일인 지혜를 소유해야 한다. 그러나 지혜를 가지기 위해서는 또한 참답게 알아야 하고, 선하게 행동해야 하며 아름다움을 판단할 줄 알아야만 한다.

우리 모두는 단지 이 세상에 존재한다는 점에서는 흙이나 돌과 같은 무기물과 유사하다. 더 나아가서 영양을 섭취하고 성장하며 신진대사를 하는 존재라는 점에서는 식물과 비슷하다. 또한 운동하고 감각하는 점에서는 동물과 차이가 없다.

그러나 우리 인간은 지성을 가질 뿐만 아니라 이성적인 지혜를 소유함으로써 인간 이외의 다른 것들과 본질적으로 구분된다. 지구상에서는 오직 인간만이 행복을 삶의 목적으로 삼으며 지혜를 추구한다.

학생은 단순히 수학 공식을 암기하는 단계를 넘어서 그 공식이 성립하는 근본적인 원리를 알려고 한다. 우리 각자는 남의 인격을 나의 인격과 동등하게 생각하며 선하게 행동하려고 한다. 성악가는 아름답게 노래하려고 하며 시인은 아름다운 시를 창작하려고 한다. 인간의 본성은 행복을 그리고 지혜를 추구한다.

그러나 일상생활에서 우리는 언제나 상식에 물들어 있어서 지혜에 대한 추구를 망각하고 있다.

지혜에 대한 추구를 일깨워 주는 계기는 어떤 것들이 있을까?

의심과 경탄이야말로 지혜에 대한 추구를 일깨워 준다. 만일 인간에게 의심과 경탄이 없다면, 문화도 불가능할 것이며 삶 역시 단지 기계적이어서 무의미할 것이다.

지금 내가 손 안에 무엇을 꼭 움켜쥐고 여러 아이들에게 보이면 아이들은, '저 안에 도대체 무엇이 들어 있을까? 아무것도 없을까, 아니면 백 원짜리 동전이 있을까, 또는 사탕이 있을까?' 하고 잔뜩 호기심을 가지고 반짝이는 눈으로 바라볼 것이다.

우리는 대상이 불분명할 때 확실하게 알려고 한다. 그러자면 자연히 의심하지 않을 수 없다.

내가 아이들 앞에서 주먹 쥔 손을 펴고 그 안에서 사탕 한 알이 굴러 떨어지면 아이들은, '아하, 바로 사탕이었구나!' 하고 감탄할 것이다.

우리는 세계에 의심을 던지며 또한 세계가 밝게 드러날 때 경탄한다. 지혜에 대한 사랑의 출발점은 다름 아닌 의심과 경탄이다. 의심할 줄 모르는, 경탄할 줄 모르는 자는 지혜와는 거리가 먼 인간이다.

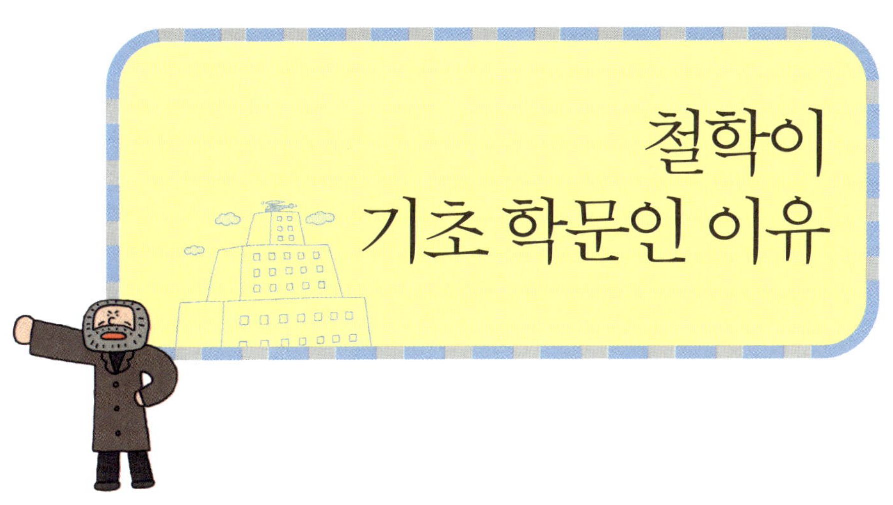

철학이 기초 학문인 이유

흔히 만화에 등장하는 '철학 박사'는 이 세상의 모든 것을 다 알 정도로 박식한 인물이다. 그러나 사실 오늘날 대부분의 철학 박사는 철학의 특정한 부분의 전문적인 학자에 불과하다.

예전에는 철학이 모든 학문의 왕이었다. 하지만 오늘날에 와서 철학은 모든 학문의 왕이 아닐 뿐만 아니라 그렇게 될 수도 없다.

공자와 맹자, 퇴계와 율곡, 플라톤과 아리스토텔레스 그리고 아우구스티누스 및 칸트와 헤겔 등은 이 세상의 모든 것을 다 알았던 것처럼 여겨진다. 이들 당시에는 철학이 아직도 모든 학문의 왕이었다.

서양이나 동양이나 모두 근대 초기까지는 이론적인 학문으로서 철학 이외의 다른 것이 없었다. 서양의 중세만 하더라도 철학은 곧 신학이었으며 신학자들(수도사들)이 철학을 이끌었다. 우리나라의 조선시대를 보더라도 성리학(유교 철학)이 모든 학문들을 포함했고, 선비라면 모든 학문을 알지 않으면 안 되었다.

그러나 점차로 세월이 흘러가고 사회가 복잡하게 분화됨에 따라서 학문도 분화되지 않을 수 없었다. 근대 중반 이후 서양에서는 철학으로부터 정치학, 경제학, 법학, 교육학, 심리학, 사회학, 언어학 등이 차례로 갈라져 나왔다.

그렇다면 이제 철학은 더 이상 있을 필요가 없을까, 아니면 여전히 철학은 자신의 위치를 차지하고 있는 것일까?

일부 극단적인 사람들은 더 이상 철학이 존재할 수 없다고 주장한다. 철학으로부터 대부분의 학문들이 갈라져 나와서 그 학문들이 예전에 철학이 담당했던 역할을 차지하기 때문이다. 또 어떤 사람들은, 이제 철학은 개념의 뜻과 사용을 명확하게 밝히는 일만을 하게 되었고 다른 모든 것을 개별 학문들에게 넘겨 주었다고 말한다.

그런데 아직도 많은 사람들은, 비록 철학으로부터 수많은 학문들이 갈라져 나가서 철학은 개별 학문들에 자신의 자리를 내주어야 하는데도, 변함없이 철학 자체의 고유한 영역과 성격을 소유하는 기초 학문이라고 주장한다.

가장 기본적인 학문은 무엇인가? 참다운 앎, 선, 아름다움 및 있는 것들의 본질적인 근거를 해명해 주는 학문은 어떤 것일까?

만일 가장 기본적인 학문이 무엇이냐고 묻는다면 우리는 어떻게 답할까? 얼핏 생각하기에 우리는 수학이나 물리학을 가장 기본적인 학문이라고 답할 것이다. 왜냐하면 수학이나 물리학은 다른 학문들보다 단순하면서도 정확하기 때문이다.

'1+1=2'를 어느 누구도 틀리다고 말하지 못할 것이며, 나아가서 우리는 수학적인 사고방식을 바탕으로 다른 학문을 전개시키며 또한 수학을 일상생활의 기초로 사용한다. 물리학에서는 1센티미터나 1그램을 정확하게 측정한다. 그러나 1이 무엇이며 어디에 있는가? 또한 1센티미터나 1그램은 어디에 있으며 무엇인가? 이런 물음에 대해 수학이나 물리학은 시원한 답을 제공해 줄 수 없다.

그러나 철학은 수학이 가능할 수 있는 근거 그리고 물리학이나 다른 학문이 가능할 수 있는 본질적인 근거를 묻고 그에 대한 답을 추구한다. 철학은 내면적인 사고이든, 외부적인 대상이든 아니면 환경이나 상황이든 간에 대상의 궁극적인 원인이나 근거를 묻기 때문에 기초 학문이다.

예컨대 철학에서는 1을 존재자들(있는 것들)을 구성하는 가장 기본적인 단위로 보기도 하며 또한 전체의 통일로 보기도 한다. 이렇게 철학은 수의 본질적인 근원이나 근거를 제시함으로써 수학이 성립할 수 있는 근거를 밝혀 준다.

철학은 앎, 선, 아름다움 및 있는 것들(존재자)의 본질적인 근거를 밝히기 때문에 수학을 비롯해 모든 개별 학문들의 기초가 된다. 곧 철학은 이론적 사고가 성립할 수 있는 본질적 근거를 밝히며 동시에 제시해 준다. 우리는 철학적 사색(思索)이 풍요로운 곳에서

핀 문화가 오래 갈 뿐만 아니라 계속 발전한다는 것을 잘 알고 있다.
동양이나 서양이나 고대에는 서로 거의 엇비슷한 차원의 철학적 사색을 가지고 있었다. 그러나 역사와 더불어 서양의 철학적 사색은 끊임없이 발전되고 확장된 데 비해, 동양의 철학적 사색은 여러 가지 사정으로 인해 정체되거나 단절되었다고 말할 수 있다.

철학적 사색의 바탕이 확고한 민족과 국가는 명확한 의식을 가지고 문화와 문명을 풍요롭게 발전시켜 나가는 데 비해 철학적 사색의 바탕이 미약한 민족과 국가는 오랫동안 헤매고 있는 것도 사실이다.

기초 학문으로서의 철학적 토대가 튼튼할 때 비로소 개별 학문의 발전이 기대될 수 있다. 물론 철학과 개별 학문은 상호 의존하는 관계에 있으므로 철학이 발전하면 개별 학문이 발전하고 개별 학문이 발전하면 철학도 따라서 발전한다.

예컨대 수학, 물리학, 천문학, 생물학, 역사학, 사회학, 정치학, 의학, 공학 등이 발전해야만 철학이 발전할 수 있으며 또한 거꾸로 철학이 발전해야만 이들 개별 학문들이 발전할 수 있다.

철학은 어떤 분야들로 이루어지는가

어떤 학문이든지 그 학문이 포함하는 분야들이 있다. 예컨대 문학은 시학, 비평, 소설론 등으로 이루어지며, 언어학은 구문론, 문체론, 소설론 등으로 이루어진다.

학문으로서의 철학에는 고유한 분야들이 있다. 철학의 분야는 우선 일차적인 분야들과 부차적인 분야들로 구분된다. 철학의 일차적인 분야들은 논리학, 인식론, 형이상학, 윤리학, 미학 등이며, 부차적인 분야들은 철학사(철학의 역사)를 비롯해 개별 학문에 대한 철학적 탐구로서의 교육철학, 역사철학, 정치철학, 사회철학, 법철학, 과학철학 등이다.

논리학은 사고에 의해 표현된 문장의 질서와 규칙을 다룬다. 인식론은 앎의 가능성과 한계를 취급한다. 형이상학은 존재자(세상에 있는 것들)와 존재자의 근원을 탐구한다. 윤리학은 행동의 기준이나 법칙을 다룬다. 미학은 예술적 아름다움의 문제를 탐구한다.

철학이 모든 학문들의 기초 학문이라고 한다면, 논리학은 철학의 예비학이다. 논리학(logic)이라는 말의 원천은 로고스(logos)이며, 로고스는 이성, 법칙, 말, 명제 등의 의미를 지닌다. 논리학은 문장을 통해 나타난 사고의 규범을 연구한다. 이 규범은 심리적·자연적 사실이 아니고 형식적·법칙적인 것이다.

논리학은 우리가 잘못을 범하지 않고 옳게 생각할 수 있는 방법을 연구하며, 우리가 사고의 특정한 법칙과 형식을 지킬 때 비로소 참다운 지식을 얻을 수 있다는 것을 보여 준다. 즉 논리학은 직관적 느낌이나 앎을 대상으로 삼지 않고 사고된 형식적 판단을 문제로 삼는다. 예컨대 논리학은 다음과 같이 사고된 형식적 판단을 연구 대상으로 삼는다.

- 모든 사람은 죽는다. 소크라테스는 사람이다. 그러므로 소크라테스는 죽는다.
- 개는 짐승이다. 고양이도 짐승이다. 그러므로 개는 고양이이다.

우리는 논리학의 역할을 다음의 예에서 간단히 알 수 있다.

- a는 b이고 c도 b이면 a는 c이다.

이 판단이 그릇되었다고 반박할 사람은 없을 것이다. 그러나 '박씨가 동물이고 고릴라도 동물이면 박씨는 고릴라이다'라고 말하면 이 판단이 비록 앞의 판단과 비슷할지라도 누구든지 이 판단은 잘못 되었다고 지적할 것이다. 그렇데 이 판단은 왜 그릇된 것일까? 그릇된 판단의 근거를 밝히는 것이 논리학의 역할이다.

논리학은 순수하게 사고의 형식적 법칙만을 취급한다. 따라서 논리학은 사고의 자연적·사실적 법칙을 다루는 심리학과 엄밀히 구분된다. 예컨대 하나에 하나를 더하면 둘이라고 하는 판단은 형식적으로, 즉 논리적으로 타당하다. 그러나 심리학에서는 뇌신경세포 안에서 일어나는 작용을 연구함으로써 어떤 과정을 거쳐서 하나에 하나를 더하면 둘이라는 생각이 발생하는지를 연구한다. 심리학은 끊임없이 변하는 자연적 대상을 다루지만 논리학은 형식적 판단을 탐구의 내용으로 가진다.

철학의 가장 기본적인 분야 중 또 한 가지는 인식론이며, 인식론은 앎의 문제를 다룬다. 인식론은 참다운 앎이 어떤 것이고, 앎을 가능하게 하며 앎에 제한을 가하는 조건이 어떤 것인지, 그리고 보편타당한 앎은 어떻게 보장되는지를 연구한다.

예컨대 인간은 누구든 자아라는 주관을 가지고 있다. 이 주관은 한 마리의 개나 한 송이 백합을 객관적 대상으로 대한다. 우리는 개나 백합을 그저 멋대로 아무렇게나 아는 것이 아니다. 주관으로서의 자아는 눈, 코, 귀, 피부, 혀 등 감각기관에 의해 우선 개나 백합을 대강 받아들인 다음 그것을 다시금 사고 작용에 의해 개나 백합으로 인식한다.

그러나 이런 앎의 문제에 있어서는 감각 경험이 근본적인지 아니면 이성적인 정신이 더 근본적인지의 여부에 따라서 인식론의 입장이 달라질 수 있다.

앎은 체계적으로 구성되어 대상을 옳게 판단할 때 비로소 참다운 앎이 되며, 그렇지 못할 경우에는 거짓된 앎이 성립한다. 예컨대 한 송이 장미꽃을 보고 그것을 한 마리 사슴이라고 한다면 그런 판단은 전적으로 그릇된 판단일 것이다.

인식론과 함께 철학의 분야에서 가장 중요한 것들 중 또 하나는 형이상학이다.

"모든 것이 부질없다. 한결같은 것은 아무것도 없구나. 무엇이든 태어났다가는 죽어 버리는구나. 도대체 무엇 때문에 세상만사가 이처럼 무상한 것인가?"

"봄이 되면 싹이 움트고 가을이 되면 낙엽이 지고……. 자연은 오묘하기 그지없어. 사람도 똑같이 생긴 사람들이 전혀 없고 이 세상 모든 것들은 어떤 원인 때문에 이렇게 있는 것인가?"

생겨났다가 없어지고 순간에 따라 변하는 구체적인 것들을 일컬어 존재자 또는 현상이라고 한다. 존재하는 것들의 궁극적인 원인을 체계적으로 연구하는 것이 곧 형이상학이다.

어떤 사람은 존재자들의 궁극 원인을 하느님이라고 보며, 또 어떤 사람은 도(道)라고 하고 또 어떤 사람은 전자(電子)라고 한다.

세계의 궁극적인 원인을 따져서 도대체 어쩌자는 것인가? 그런 연구는 쓸데없는 시간 낭비이며 아울러 헛된 공상에 불과한 것이 아닌

가? 그러나 형이상학적 사고는 우리의 현실적
삶을 결정하는 중대한 역할을 담당한다.

상세하게 살펴보면, 한 사람이 어떻게 형이
상학적으로 생각하느냐에 따라서 그의 인생관
이 결정되며 또한 형이상학적 사고의 기초로
인해 사회의 진로도 결정되게 마련이다. 즉 세
계의 궁극 원인을 물질로 보는 사람은 종교를
가질 수 없으며 따라서 그에게는 인간을 비롯
해 세상만사가 기계적인 물질로 보인다.

반대로 세계의 궁극 원인을 정신으로 보는 사람은 세계의 근원을 신
으로 믿거나 또는 정신을 참다운 것이라고 그리고 물질은 헛된 것이라
고 주장할 것이다.

얼핏 보기에 철학은 현실과 가장 거리가 먼 이론에 불과한 것으로
생각된다. 그러나 철학이야말로 가장 현실적인 이론이다. 왜냐하면 현
실적으로 우리를 지배하고 있는 유물론적 공산주의◆, 자본주의 경제
이론 또는 자유 민주주의 그리고 민주적 사회주의◆ 등은 형이상학적
생각을 바탕으로 삼아서 비로소 성립하기 때문이다.

철학의 또 한 분야는 인간 행동의 규범이나 원리 또는 규칙을
연구하는 윤리학이다. 인식론이 앎의 이론에 관한 연구이고, 형이상학은
세계의 궁극 원인에 관한 연구라고 할 것 같으면, 윤리학은 인간의 실천
적 행동에 관한 연구이므로 그것은 도덕철학이라고도 말할 수 있다.

윤리는 한편으로는 사회의 규범으로 그리고 또 한편으로는 인간의

자발적인 자유의지를 기초로 삼는 행동에서 성립한다.

우리의 행위는 제멋대로 우연히 이루어지는 것이 아니고 실천적 법칙을 바탕으로 삼아 성립하기 때문에 행동의 규칙이나 원리를 연구할 필요가 생긴다.

그리고 윤리학에서는 선(善)과 같은 규범의 성격과 아울러 의무나 양심 또는 자유의지와 같은 규칙이 어떻게 해서 도덕법칙이 규칙을 담당하게 되는지를 연구하기도 한다.

따라서 고전적 의미에서 보면 윤리학에서 가장 궁극적으로 취급하는 문제는 행복이다. 어떤 사람은 철학의 출발점과 종착점을 윤리학이라고 말하며, 또 어떤 사람은 모든 학문의 시초와 종말이 바로 윤리학이라고 말한다. 그러나 행동의 문제는 앎의 문제 그리고 궁극 원인의 문제와 언제나 서로 긴밀하게 연결되어 있는 것이 사실이다. 따라서 윤리학은 인식론 및 형이상학과 함께 철학의 가장 기본적인 분야들 중의 하나이다.

미학은 아름다움을 논하는 철학의 한 분야이다. 아름다움은 자연적 아름다움과 예술적 아름다움으로 구분된다. 산과 들, 꽃, 여인 등의 아름다움은 자연미에 그리고 음악, 무용, 그림 등의 아름다움은 예술미에 속한다.

아름다움은 여러 가지 유형이 있는데 그것들은 우아미(優雅美)◆, 숭고미(崇高美)◆, 비장미(悲壯美)◆, 해학미(諧謔美)◆, 추미(醜美)◆ 등이다.

우리는 지성의 분별력에 의해 아름다움을 분석하는 것이 아니라 느낌에 의해 아름다움을 판단한다. 예컨대 '김소월의 시는 아름답다'는 판단에서 우리는 김소월의 서정시가 지닌 역사적·사회적 성격을 분석하는 것도 아니고 또한 시의 문법 구성을 조사하는 것도 아니고 단지 느낌으로써 시가 아름답다고 판단한다. 그러므로 미학은 미적 판단을 연구하는

우아미
자연을 보는 '나'가 자연의 조화라는 가치에 순응하는 태도를 보이며 미의식이 나타나는 것

숭고미
자연을 인식하는 '나'가 자연의 조화를 현실에서 추구하고 실현하고자 하는 태도를 보이며 미의식이 나타나는 것 인간의 보통 이해력으로는 알 수 없는 경이(驚異), 외경(畏敬), 위대함 따위의 느낌을 준다.

비장미
자연을 인식하는 '나'의 실현 의지가 현실적 여건 때문에 좌절될 때 나타나는 미의식

해학미
딱딱한 관념의 구속을 거부하고 삶의 모습을 긍정하고자 하는 각성에서 오는 아름다움이다 해학적인 대화나 행동에서 주로 느낄 수 있다.

추미
좁은 의미로는 아름다움의 반대되는 것으로 여겨지지만, 넓은 의미로는 전체 속에서 대비에 의해 대상을 한층 복잡하고 풍부하게 만드는 미적 요소로 중시된다.

철학의 한 분야이다.

　미학은 무엇을 탐구의 주제로 삼을까? 미학은 미적 체험과 미적 대상을 탐구의 주제로 삼는다. 왜냐하면 아름다움은 아름다움을 느끼는 주관의 체험과 아름다운 대상에 의해 성립하기 때문이다. '설악산은 아름다운 산이다'라고 할 때 설악산이 아름답다고 체험하는 것은 바로 주관으로서의 나이며, 또한 아름다운 대상은 설악산이다.

　물론 아름다움에 관해서는 동서고금을 막론하고 수많은 이론들이 있지만, 우리는 아름다움을 느낄 뿐만 아니라 인식함으로써 미적 판단을 구성하며 연구한다.

　　현빈이는 중학교 때부터 고등학교 1학년 때까지 줄곧 반에서 수석을 차지했으며, 별명은 공부벌레 또는 책벌레였다. 그러나 고등학교 2학년이 된 후부터 현빈이의 성적이 반에서 5등이 되고 10등도 되자 반 친구들이 가끔 수군거렸다.

　　"야, 공부벌레가 번데기를 벗어 버리고 나비가 되려는지 요사이 좀 이상하지 않니? 눈동자도 초점이 흐리고 노는 시간에도 턱만 괴고 앉아서 창밖만 바라보는 것이 아무래도 커다란 변화가 있는가 봐."

　　"하긴 이상해. 전에는 2등만 해도 눈에 독기를 품고 벌레처럼 책만 쏘아보던 애가 요새는 독기도 사라지고 이해할 수 없단 말이야."

　　현빈이가 학교 공부를 등한시하게 된 데에는 그만한 이유가 있었다.

현빈이가 2학년으로 진급하자 현빈이는 평소에 말이 없던 형으로부터 가슴 아픈 충고를 들었던 것이다.

"현빈아, 너는 공부벌레라는 별명을 들을 만큼 학생의 신분에 충실하니까 확실히 모범생답구나. 그런데 너는 왜 공부를 그렇게 죽어라고 열심히 하니? 공부가 도대체 무엇인지나 아니? 너는 열심히 책을 외워서 시험을 잘 치르는 것이 공부라고 생각하니? 내가 보기에는 네 마음의 태도가 근본적으로 잘못되어 있구나. 학문이란 어떤 것이며 왜 학문을 하는지 그 이유를 알고 공부해야 제대로 공부를 하는 셈이지. 너를 보면 꼭 암기 기계와 하나도 다를 것이 없구나."

현빈이는 자신이 암기 기계와 다를 것이 없다는 형의 말에 깊은 상처를 입고 결국 자신은 우선 인간이 되어야 한다는 결론에 도달했다.

'공부를 하더라도 학문이 무엇인지 그리고 왜 학문을 하는지 근본적으로 어느 정도 알고 나서 공부를 해야겠어. 그래. 나는 암기하는 기계에 지나지 않았어. 만일 내가 훌륭한 암기 기계로서 좋은 성적을 올려 일류 대학에 들어간다 한들 그게 무슨 소용이란 말인가? 게다가 좋은 직장에 취직한다고 해도 나는 인간으로서는 전혀 쓸모없는 존재가 아닌가? 그런데 학문이 무엇인지를 알 수 있는 방법이 없으니 어떻게 하면 좋을까?'

현빈이는 공허함에 기득 차서 몇 달 동안 공부를 소홀히 할 수밖에 없었다. 현빈이는 '백과사전'이나 형이 공부하던 『철학 개론』 등을 들춰 보면서 학문의 성격과 목적을 알려고 했으나 어느 곳에서도 만족할 만한 답을 얻을 수 없었다.

현빈이는 어느 토요일 오후, 드디어 결심을 하고 윤리 성생님에게 면담을 신청했다.

"오, 현빈이구나. 요새는 공부벌레의 꼬치를 뚫고 나오려고 무척이나 애쓴다는 소문이 있던데."

"선생님, 그게 아닙니다. 무턱대고 공부하는 것이 무의미하게 느껴졌어요. 선생님, 학문이 무엇이고 왜 학문을 하는지 제가 이해하기 쉽게 말씀 좀 해 주시지 않겠어요?"

"그것 참 좋은 질문인데. 나는 대학교 3학년 때 그 문제 때문에 고민을 많이 했던 경험이 있고, 지금도 관심을 가지고 있지만 충분한 답을 발견하진 못했어."

"선생님, 그러시다면 더욱 제 의문에 좋은 답을 주시리라고 믿습니다. 저는 이 의문을 어느 정도 풀어야만 학교 공부에도 신경을 쓸 수 있을 것 같습니다."

"그래? 그럼 차근차근 설명해 줄 테니 잘 들어 보렴. 학문이란 논리적이며 체계적인 지성의 작업이지. 그러니까 그런 지성의 작업은 대상에 따라서 몇 가지로 나눠지는 거야.

자연을 대상으로 삼으면 자연과학, 역사와 문화를 대상으로 삼으면 인문과학*, 사회를 대상으로 삼으면 사회과학*이 되는 거야. 예컨대 물리학, 천문학, 화학, 생물학 등은 자연과학이고, 어학이나 문학 또는 역사학, 신학, 철학 등은 인문과학이며 정치학, 경제학, 법학, 사회학 등은 사회과학이지.

　그러니까 지성의 작업이라고 해서 모든 것이 다 학문이 되는 것은 아니야. 어디까지나 논리적이고 체계적이어야 학문일 수 있어.”

　“그러면 인류 역사의 초기에는 학문이 없었나요?”

　“그렇게 볼 수 있지. 그 당시에는 신화가 있었는데 신화는 아직 논리적이며 체계적이지 못하고 단지 학문의 씨앗을 품고 있었다고 말할 수 있어. 인간의 지성이 역사와 아울러 확장되면서 신화에서 학문으로 길이 열린 거야. 근대 이후부터 인간의 대상이 복잡해지고 대상에 따라서 지성의 탐구 작업이 행해지면서 인문과학, 자연과학, 사회과학 등이 성립했단다.”

　“그런데, 왜 우리는 학문을 합니까?”

　“응, 결국 인간과 세계를 전체적으로 알기 위해서이지. 인간과 세상은 하도 복잡하고 구체적이어서 우리가 직접 파악한다는 것은 불가능하지 않겠니? 그러니까 학문을 통해서 대상은 추상적이지만 단순하게 파악함으로써 전체를 알게 되는 것이란다. 복잡한 경제는 경제 이론으로 알 수 있고 천체 현상은 천문학으로 알 수 있는 거야.”

　현빈이는 뭔가 손에 잡히는 것 같았다.

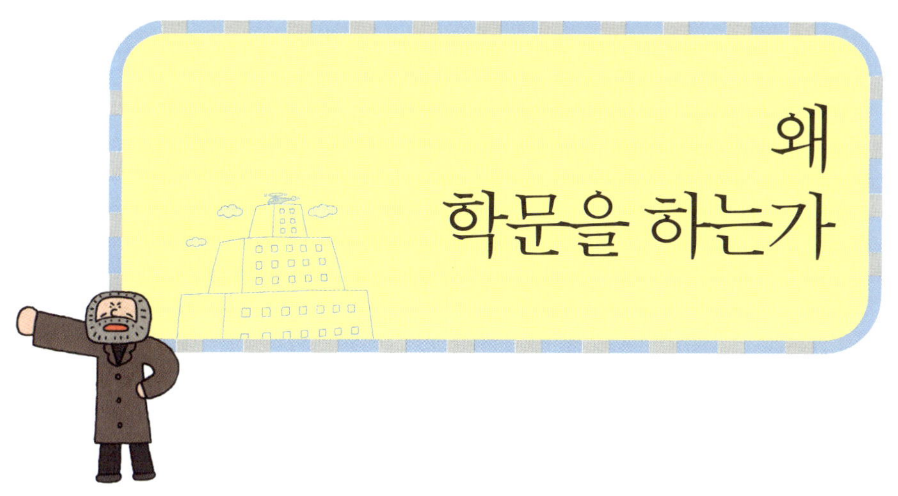

현빈이는 윤리 선생님의 말씀을 들은 후부터 공부할 때 뭔지는 잘 모르지만 가슴 뿌듯한 느낌을 가질 수 있었다.

'수학 문제 하나를 풀거나 국어의 한 문장을 읽더라도 뜻이 새로워지는 걸 하나씩 알고 이해함으로써 결국 세계가 무엇인지를 파악하고, 또한 나라는 인간이 어떤 존재인지를 알 수 있겠지. 그런데 학문이란 어떻게 발전되었는지 그리고 어떻게 학문을 해야 하는지가 도무지 궁금해서 견딜 수가 없군. 수학이 무엇인지도 모르고 계속 문제만 푸는 것도 한심한 일이야. 역사가 무엇인지도 모르고 역사적 사실만 암기하는 것도 무의미하지.'

현빈이는 다시 한 번 윤리 선생님께 상담을 청했다.

"선생님, 이제는 학문이 뭔지 어렴풋이 알 것 같습니다. 그런데 학문이 어떻게 발전되었는지 그리고 오늘날 학문은 어떤 위치에 있는지 좀 더 상세히 가르쳐 주세요."

"그래? 참 좋은 질문이구나. 이러다가는 내 밑천이 곧 바닥나고 말겠는걸. 일반적으로 학문은 자연과학, 인문과학, 사회과학으로 나뉜다는 건 알고 있지? 하지만 현대는 사회가 매우 복잡하게 서로 얽혀 있어서 인간의 각각의 문제는 종합적인 관점에서 연구될 필요가 있어.

예컨대 학교 도서관을 짓는다고 하자. 단순히 기계적으로 책을 보관하고 책을 읽을 수 있는 건물을 짓는다고 해서 그것이 곧 도서관 건물이 될 수 있는 건 아니야. 우선, 학교의 예산이 허락해야 할 거고 도서관의 환경이 고려되어야 하며 건물의 미적 측면도 충분히 살려야 할 거야. 그렇기 때문에 요사이는 공학이 발달할 수밖에 없어.

건축공학의 예를 들어 볼까? 건축공학은 흔히 자연과학으로 이해되지만 실은 종합과학이야. 미술관을 지을 때 콘크리트로 커다란 건물만 덩그렇게 지어 버리면 될까? 미술관 하나를 짓더라도 미술관의 지리적 위치, 예술적 가치, 재료, 사회적 실용성 등 여러 가지를 종합적으로 생각하지 않으면 안 되는 거지."

"그렇다면 각각의 학문은 독립적이면서도 또 한편으로는 종합적으로 서로 긴밀한 상호 관계를 가진다는 말인가요?"

"아무렴. 그건 마치 우리 인간 사회가 종합적인 것과 다를 게 없어. 한 사람, 한 사람은 독립적이지만 사회를 놓고 보면 인간은 서로 긴밀한 종합적 관계를 유지하고 있는 거야."

"그런데 선생님, 학문의 시초는 신화적이었다고 전에 선생님께서 말씀하셨는데, 옛날에도 철학은 있지 않았습니까? 학문의 시초와 발전 과정을 알고 싶습니다."

"현빈아, 짬을 내기는 힘들겠지만 틈틈이 역사학 책을 읽어 보렴. 역사를 자세히 살펴보면, 인간은 수많은 우여곡절을 거치면서 자신의 지성을 확장시켜 온 것을 알 수 있단다.

그래. 신화는 학문의 시초야. 오래전에 벌써 인간은 구체적인 것을 모두 알기 위해서 추상적인 신화를 창조해낸 거지. 예컨대 우리의 조상은 자기와 자기 자신의 근원을 알기 위해 단군이나 박혁거세의 추상적 신화를 만들어 낸 거야. 그렇지만 신화는 아직 구체적인 삶과 추상적인 지성 작업이 혼합되어 있기 때문에 신화는 순수하게 이론적 학문이 되지 못하고 있어. 신화에서는 여인이 꽃으로 되고 신과 인간이 결혼하고 영원히 죽지 않는 새도 등장하지 않니?

인간의 지성은 점차 논리적 단순성을 요구하게 되었어. 설악산 전체를 가장 쉽게 알 수 있는 방법은 어떤 거겠니? 설악산을 며칠씩 헤매어도 산 전체를 알기란 좀처럼 쉽지 않겠지. 이럴 때 우리는 논리적 단순성을 동원해서 설악산 전체를 쉽사리 알 수 있어. 말하자면 설악산 지도를 보는 일이지."

"그렇다면 선생님, 오늘날처럼 이렇게 무수히 많은 학문이 생긴 것은 언제부터인가요?"

"그것은 정확히 말하자면 근대 이후야. 그리고 지금도 학문은 생활 영역의 분화에 따라 계속해서 세분되고 있는 실정이야. 인간공학이라든가 광고학, 신문방송학, 유전공학 등은 최근에 생긴 학문들이라고

할 수 있지.

물론 기원전 4세기에 아리스토텔레스가 윤리학, 정치학, 자연학, 심리학 등 여러 분야에 걸쳐 방대한 저술을 한 것이 사실이지만 그것들은 결국 철학의 영역에 속하는 것이었어. 근대 초반까지만 해도 서양에서는 천학이 곧 신학이었고 신학자는 모든 학문을 다 알아야 했어. 동양도 마찬가지야. 승려나 선비는 우주의 삼라만상에 관한 모든 지식을 알아야 했거든.

그러나 근대 르네상스* 이후 수학, 천문학,

> **르네상스**
> 14~16세기에 서유럽 문명사에 나타난 문화 운동을 일컫는 말로 학문 또는 예술의 재생·부활이라는 의미를 가지고 있다.

물리학, 화학, 생물학 등이 개별 학문으로 성립하고 또한 사회학, 교육학, 심리학 등도 개별 학문으로 독립하기 시작해서 드디어 오늘날과 같은 지경에까지 이른 거야."

"그런데 현재는 학문이 너무 전문화된 게 아닐까요?"

"참 좋은 지적이구나. 예컨대 유전공학자는 정치학을 모르고, 사회학자는 물리학을 모르는 실정이 되었어. 그래서 인간과 세계를 밝히는 목적을 가진 학문들을 서로 협력할 수 있는 연구소가 필요하게 되었지."

현빈이는 선생님의 말씀을 여러 차례 되새겼다. 현빈이는 앞으로 자신이 차분하게 학교생활에 임할 수 있을 것 같은 마음이었다.

필로소피아,
지혜와 사랑

 근대 초기까지 학문 전체를 철학이라고 불렀다. 철학의 원래 말뜻은 '지혜에 대한 사랑'이다.

'필로소피아(philosophia)'라는 말은 희랍 말 '지혜(sophia)'와 '사랑하다(philein)'가 합쳐진 말이다. 지혜는 진(眞), 선(善), 미(美)의 통일이다. 우리는 흔히 지식과 지혜를 같은 것으로 생각하지만, 지식이란 특정한 대상에 대한 부분적인 앎에 해당하고 지혜는 진리와 신과 아름다움이 통일된 앎이다.

'철학(哲學)'이라는 말은, 일본 사람들이 1850년대 '지혜에 대한 사랑'인 필로소피아를 자기들 말로 옮길 때 만들어 낸 개념인데, 한국이나 중국에서는 이 말을 그대로 쓰고 있다. 만일 우리가 독자성이 강해 일본 사람들이 만든 철학이라는 말 대신 필로소피아라고 처음부터 쓸 수 있었더라면 '철학은 난해하다' 또는 '철학은 애매모호하다'는 등의 느낌은 없었을는지도 모른다.

지혜에 대한 사랑은 서양인만의 고유한 소유물이 아니다. 우리는 예로부터 '필로소피아'에 해당하는 것을 학(學)이라고 불러왔다. 『대학(大學)』◆이라든가 『소학(小學)』◆ 등을 보더라도 그것들의 내용이 바로 '필로소피아'라는 것을 알 수 있다.

'배우고 때때로 익히니 이 또한 기쁘지 아니한가?'라는 문장은 우리에게 낯익은 것이다. 배움에 대한 기쁨은 바로 지혜에 대한 사랑이다.

배움은 무엇인가? 그것은 지혜를 배우는 것이다. 기쁨은 어떤 기쁨인가? 그것은 지혜를 사랑하는 기쁨이다.

'사서' 중 하나인 『대학』에 나오는 '도(道)'는 필로소피아가 무엇인지를 가장 잘 밝혀 주는 개념이다.

대학의 도는 밝은 덕을 밝히는 데 있으며 백성을 새롭게 하는 데 있고 지극한 선에 머무는 데 있다.

밝은 덕은 무엇인가? 그것은 진리와 아름다움을 사랑하는 것이다.

이렇게 보면 배움〔學〕은 곧 밝힘〔明〕과 똑같은 뜻을 가진다. '등잔 밑이 어둡다'는 말이 있다. 무조건 진보된 외래 사상만을 섭취하는 것도 병적인 것이고, 오로지 조상의 업적에만 매달리는 일도 편파적이다. 우리는 언제나 가장 가까운 나 안에서 문제점을 찾아내어 그로부터 문제 해결을 꾀할 수 있다. 우리는 항상 어떤 것을 배우면서 밝혀 가고 있다. 『중용(中庸)』◆의 첫머리 역시 지혜에 대한 사랑의 의미를 밝혀 준다.

천명(天命)◆, 이것을 일컬어 성(性)이라고 하며, 성을 따르는 것, 이것을 일컬어 도라고 하며, 도를 닦는 것, 이것을 일컬어 교(敎)라고 한다.

천명이나 성은 세계의 원리이다. 성을 따르는 것은 바로 진리를 추구하는 것이며, 도를 닦는 것 또한 진리를 익히는 것이다. 진리를 추구하고 닦는 것이란 바로 지혜에 대한 사랑을 말한다.

원래 지혜에 대한 사랑은 동양이나 서양이나 별로 차이가 없다. 플라톤의 『향연』◆에 등장하는 에로스는 이런 사실을 잘 이야기해 준다.

에로스(eros)는 포로스(poros)와 페니아(penia) 사이에서 태어난 아들이다. 포로스는 풍요의 신이고 페니아는 가난한 궁핍의 여신이다. 에로스는 부모의 두 측면을 모두 가진 아들이다. 그러므로 에로스는 궁핍으로부터 풍요로움을 추구하는 사랑일 수밖에 없는 운명을 지닌다. 여기에서 궁핍과 풍요로움은 단지 물질적인 것뿐만 아니라 정신적인 것에도, 곧 진리와 선과 아름다움에도 해당한다. 따라서 에로스(사랑)의 의미는 불완전한 진리와 선과 아름다움으로부터 완전한 진리와 선과 아름다움을 추구하는 사랑이다.

사랑은 아주 많은 뜻으로 쓰인다. 청소년 시절 등굣길에 만난 여학생을 어떻게 해서든지 다시 한 번 만나고 싶고 말 한마디 건네 보고 싶어 끙끙 앓다가 여학생을 처음 본 장소에서 며칠이고 배회하는 것도 사랑이라고 한다. 어머니가 못 먹고 못 입으면서 온갖 정성을 쏟아 자식을 뒷바라지하는 것도 사랑이라고 한다. 친구를 아끼고 감싸는 것도 사랑이다. 자연을 아끼는 것도, 나라에 몸을 바치는 것도 사랑이다.

절이나 교회에 나가 기도 드리는 것도, 자신을 잊고 화폭에 영혼을 쏟거나 피아노를 신들린 것처럼 두들기는 것도 사랑이라고 한다. 그러나 지혜에 대한 사랑은 사랑들 중 사랑이라고 말할 수 있다. 지혜란 통일된 앎이다. 지혜는 조화로운 앎이다. 조화로운 앎은 진리요, 선과 아름다움을 통일한다.

옛날이나 지금이나 철학의 참다운 뜻은 지혜에 대한 사랑이다. 사랑은 배움이자 닦음이다. 참다운 사랑은 지혜를 배우고 닦는 것이다. 지혜가 조화로운 앎이라고 할 때 그것은 이미 행복을 전제로 한다. 그러므로 지혜에 대한 사랑은 행복 추구이다.

우리는 언제 행복한가? 우리는 나와 세계를 깨달을 때 행복하다. 지혜에 대한 사랑은 또한 깨달음을 목표로 삼는다. 왜냐하면 깨달음은 곧 행복이기 때문이다. 지혜에 대한 사랑에 의해 나는 비로소 전체와 하나가 된다.

❶ 지식과 지혜는 어떻게 다른지 말해 보자.

❷ 앎과 선과 아름다움의 통일을 지혜라고 한다. 솔로몬 왕의 재판 과정을 살펴보고 일상적인 지식과 지혜의 차이점을 지적해 보자.

❸ 철학은 넓은 의미의 철학과 좁은 의미의 철학으로 구분된다. 우리가 학교에서 배우는 것은 좁은 의미의 철학이다. 그렇다면 넓은 의미의 철학은 무엇인지 생각해 보자.

❹ 신학과 철학의 차이점이 무엇인지 토론해 보자.

❺ 근대 이후 전통적인 철학에서 물리학, 화학, 사회학, 교육학 등 많은 학문이 갈라져 나왔다. 그렇다면 철학은 존재할 가치가 없는 것일까?

❻ 우리가 여전히 철학을 인정하고 철학적 탐구를 할 수 있는 이유에 관해 이야기해 보자.

❼ 논리학, 인식론, 형이상학, 윤리학 그리고 미학 등은 철학의 기본적인 분야들이다. 이들 각 분야의 특징 및 관계는?

⑧ 인문과학, 사회과학 그리고 자연과학에는 각각 어떤 학문들이 속하는지 이야기해 보자.

⑨ 우리 인간은 어떤 목적을 가지고 어떤 이유에서 학문 활동을 하는지 토론해 보자.

아름다움에 관하여

자연의 아름다움과 예술의 아름다움

동적인 힘과 정적인 힘

아름다움과 삶

자연의 아름다움과 예술의 아름다움

최고의 앎은 무엇인가? 최선의 행동은 어떤 것인가? 최상의 느낌은 무엇인가?

우리는 누구든지 진리를 알려고 하고 선을 행하려고 하며 아름다움을 느끼려고 한다. 학문과 종교와 예술은 우리의 정신적 삶을 구성하는 세 가지 세계이다. 물론 삶은 전체로서의 하나이지만, 그것을 구태여 구분하자면 정신적 삶과 일상적 삶으로 나눌 수 있다. 일상적 삶은 반복하는 것임에 비해 정신적 삶은 일회적이다. 그러므로 정신적 삶에 의해 인간은 개성과 인격을 소유할 수 있다.

우리는 매일매일 반복하는 일상적 삶을 살아가면서도 불변하는 앎

을 추구하려고 한다. 여기에서 우리는 학문의 세계를 구성한다. 우리
는 세계의 근본원리로서의 절대자 내지는 절대 경지에 대한 신앙을 가
진다. 이 경우 종교의 세계가 존재한다. 우리는 세계를 조화롭게 재창
조함으로써 아름다움을 형성하고 또한 느낀다. 이때 예술의 세계가 형
성된다.

아름다움이란 대상에 대한 조화로운 느낌이다. 하나 보태기 하나는
둘이다. 이것은 선하거나 아름다운 것이 아니다. 참다운 것이다. 만일
대통령이 길거리의 거지를 동일한 인격으로 존중한다면 그것은 선한
행동이다. 그러나 가을철 붉은 단풍으로 장식한 내장산 또는 은은히
울려 퍼지는 아악(雅樂)은 우리에게 진리나 선을 말해 주는 것이 아니
라 아름다움을 전해 준다. 우리는 대상에 대한 조화로운 느낌을 통해
아름다움의 정서를 가진다. 그러나 대상의 성격에 따라서 조화로운 느
낌도 여러 가지로 나뉜다.

우아한 아름다움을 우리는 우아미라고 부른다. 전형적인 한국 미인
의 용모를 가지고 있으며 교양이 넘치고 감히 멋대로 접근할 수 없는
느낌을 주는 여학생과 마주 앉아 있을 때 나는 무엇을 느끼는가? 이
여학생이 풍기는 아름다움이야말로 우아한 아름다움이다.

다음으로 숭고미를 말할 수 있다. 추사 김정희의 붓글씨는 인간의
경지를 초월한 듯한 느낌을 가져다준다. 베토벤의 합창 교향곡은 인간
이 도달할 수 있는 최고의 경지를 노래하는 것 같은 느낌을 준다. 이런
경우 우리는 숭고한 아름다움을 맛본다.

다음으로 비장미를 이야기할 수 있다. 고대 희랍의 비극이나 셰익스

피어의 비극은 비장미를 느끼게 해 준다. 오이디푸스 왕이 자신의 과오를 처절하게 뉘우치며 장님이 될 때, 또는 로미오와 줄리엣의 진한 사랑이 끝내 이루어지지 못하는 장면에서 우리는 비장한 아름다움을 느낀다.

풍자극이나 코미디에서 우리는 해학미를 맛본다. 익살과 풍자가 단순히 비난과 욕설로 끝나지 않고 전체 삶의 상황에 조화를 가져다줄 뿐만 아니라 우리 마음속의 가려운 곳을 시원스레 긁어 줄 경우 우리 는 해학의 아름다움을 느낀다.

다음으로는 추미를 말할 수 있다. 보통은 아름다움에 반대되는 것을 추함으로 생각한다. 그러나 추함이 아름다움으로 승화되고 더 나아가 서 추함이 아름다움을 구성하는 요소가 될 때 우리는 추미를 느낀다. 『노틀담의 꼽추』의 에스메랄다에 대한 곱사등이의 사랑에서 우리는 비장미와 아울러 추미를 느낀다.

대상의 성질에 따라서 그리고 그 성질이 우리와 어떻게 관계 하느냐에 따라서 아름다움은 여러 종류로 나뉜다. 그런데 아름다움을 크게 나누면 그것은 자연의 아름다움과 예술의 아름다움으로 분류된다.

자연(自然)은 '스스로 그러함'이다. 인간의 손이 닿지 않고 스스로 그 런 것의 아름다움이 곧 자연의 아름다움이다. 자연미는 예술미에 대립 되는 말이다. 자연 대상에서 우리는 자연의 아름다움을 느끼는 반면에 예술 작품에서는 예술의 아름다움을 느낀다. 인간의 정신이 현실적으 로 자연을 변형시켜 재창조한 대상에서 우리는 예술의 아름다움을 맛 본다.

그런데 우리는 어떤 사람을 예술가라고 부르는가? 인간이 세계를 균형 있고 조화롭게, 곧 아름답게 구성하는 방식을 일컬어 예술이라고 한다. 우리의 상식에 따르면 예술가는 사회가 인정하는 전문인이 아니 면 안 된다.

그러나 우리는 예술가를 두 가지 관점에서 말할 수 있다. 좁은 의미에서는 특정한 사회가 인정하는 전문 예술가를 말할 수 있다. 그러나 넓은 의미에서는 인간이면 누구나 모두 이미 예술가이다.

인간은 대상을 아름답게 구성하며 그렇게 함으로써 아름다움을 느낄 뿐만 아니라 아름다움을 누리기까지 한다.

동적인 힘과 정적인 힘

어떤 사람은 우주만물의 근원을 '반대의 일치'로 보았다. 사실 모든 것들은 차가움과 더움, 어둠과 밝음, 높음과 낮음의 일치로 되어 있다.

니체의 『비극의 탄생』은 예술이 곧 반대의 일치임을 잘 말해 주고 있다는 점을 지적한다. 니체에 의하면, 아폴로적인 것과 디오니소스적인 것이 예술을 구성하는 두 가지 요소이다. 아폴로는 희랍의 선동적인 신으로서 냉철하고 정적인 지성을 대변한다. 디오니소스는 동방에서 희랍으로 들어온 신으로, 술과 포도주의 신이며 꿈틀거리는 정열을 대변한다.

"예술의 발전은 아폴로적인 것과 디오니소스적인 것의 이중성으로 결합되어 있다"는 니체의 말은, 아폴로는 질서를 그리고 디오니소스는 광란의 운동을 뜻한다는 것을 말하려고 한다. 아폴로적인 것은 조용한 '꿈'에 해당하며, 디오니소스적인 것은 정열적인 '명정(明正)'◆을 뜻한다.

아폴로적인 것은 형식논리적인 차원을, 그리고 디오니소스적인 것은 유기적인 삶의 내면의 힘을 지시한다. 이런 이중성은 예술뿐만 아니라 모든 대상에 통한다. 예컨대, 인간의 모습은 외부적·형식적인 것으로 아폴로적인 것에 해당하고, 내면적인 생명은 디오니소스적인 것에 해당한다.

아폴로는 대상을 개별화시키는 원리이다. 아폴로는 수학의 정밀함을 가진 미술의 힘으로서 그것은 모든 대상을 형식적으로 분류하며 대상에 질서를 부여한다. 그러나 디오니소스는 대상의 개별화를 파괴시키고 대상들 전체를 하나로 통일시키는 내면적 삶의 원리이다.

물론 니체가 말하는 아폴로적인 것과 디오니소스적인 것은 비극의 두 가지 요소이지만 우리는 이들 두 가지를 예술의 핵심적 요소로 확장시켜 볼 수 있다. 니체는 비극의 형식을 구성하는 요소를 아폴로적인 것으로, 또 비극의 동적 내용을 구성하는 요소를 디오니소스적인 것으로 본다. 이렇게 보면 예술을 예술이게끔 하는 내면의 힘은 디오니소스이며 예술의 형식 내지 표상(表象)은 아폴로이다. 그러므로 '아폴로란 디오니소스의 집'이라고 말할 수 있다.

니체는 다음처럼 말한다.

모든 상징적인 힘들의 이런 전체 모습을 벗기기 위해 인간은 이미 상징적인 힘에 의해 자신을 상징적으로 언명하려고 하는 그런 자기표현의 정상에 도달해 있지 않으면 안 된다. 디튀람부스적인 디오니소스 숭배자는 오직 자신과 유사한 것에 의해서만 이해되지 않는가! 원래 그에게는 모든 것이 낯설지 않으며, 실로 그의 아폴로적인 의식이 오직 가면처럼 이 역동적 세계를 그에게 은폐시키는 것은 놀랍게도 그에게 전율이 뒤섞이는 것보다도 위대한 것이다.

예술을 구성하는 인간의 의식은 이중적인 것으로서, 그 중 하나는 형식을 부여하는 측면이고 또 다른 하나는 내용을 부여하는 측면이다. 어떤 그림을 볼 때처럼 내용은 충만하지만 표현 형식이 부족한 경우라든가, 이와 반대로 표현 기법은 능숙한데도 체험 내용이 빈약한 경우도 만나게 된다. 음악이나 기타 예술의 경우에서도 마찬가지이다. 따라서 형식과 내용이 제대로 조화를 이룰 때 예술은 가장 아름다울 수 있다.

아름다움과 삶

"장미꽃은 아름다운 꽃이다"라고 말한다면 장미꽃에 대한 내 느낌은 더 이상 느낌이기를 그치고 그것은 사고에 의해 정리된 것이다. 어떤 느낌이 생각에 의해 정리되면 그것은 이미 판단이 된다. 판단은 사실 판단◆, 가치 판단◆, 그리고 미(美)◆ 판단으로 구분된다.

'수소와 산소가 결합하면 물이 된다', '봄이 오면 꽃이 핀다' 등과 같이 자연의 사실에 관한 판단은 사실 판단에 속한다. 사실 판단은 자연의 법칙을 그대로 기술한다. 자연은 일정한 원인이 있으면 일정한 결과가 생기는 자연법칙을 따른다. 우리는 주관적 느낌이나 믿음을 거의 동반하지 않고 객관적으로 자연현상을 기술함으로써 사실 판단을 만든다. 자연현상은 인과법칙을 따르는 현상이다.

자연현상을 규정하는 판단을 사실 판단이라고 할 때, 인간의 행동을 규정하는 판단은 가치 판단이다. 사실 판단에서는 사실의 긍정이나 부정, 다시 말해서 사실의 참이나 거짓이 기술된다. 그러나 가치 판단에서는 행위의 선과 악, 다시 말해서 행위의 옳음과 그름이 기술된다.

다음은 사실 판단의 예들이다.

- 비가 오면 땅이 젖는다.
- 수소와 산소가 결합하면 납이 되지 않는다.
- 한국의 겨울은 가을보다 훨씬 더 춥다.

다음은 가치 판단의 예들이다.

- 타인을 너와 같은 인격체로 대하는 행위는 선한 행위이다.
- 남에게 거짓말을 일삼는 것은 옳지 못한 행위이다.

선한 행위는 자유를 바탕으로 삼고 있으므로 가치 판단은 결국 자유에 대한 판단이라고 말할 수 있다.

그런데 법칙적인 자연과 자발적인 자유를 결합시키는 것은 무엇일까?

자연과 자유는 예술에서 결합된다. 예술은 자연적이지만 동시에 자유의 요소를 가진다. 예술의 재료나 형식은 자연적이지만 예술의 내용은 인간의 창조 정신, 곧 자발적인 자유이다. 예술의 자연적 형식과 자발적 자유의 내용이 결합할 때 예술의 아름다움이 창조된다.

'김소월의 시는 아름다운 시이다'라고 할 때 이것은 예술의 아름다움을 규정하기 때문에 이런 판단은 미 판단이다.

제아무리 예술이 단지 예술을 위한 예술이라고 할지라도 예술이 정신의 산물인 이상, 그것은 삶의 목적을 갖지 않을 수 없다. 예술의 직접적인 목적은 아름다움이다. 그러나 궁극적으로 예술은 삶의 일부이므로 예술의 목적 역시 삶의 목적인 행복이 아닐 수 없다.

예술은 아름다움을, 학문은 진리를 그리고 종교는 선을 목적으로 삼지만 이들 세 가지의 조화인 궁극 목적은 바로 행복이다.

"일본지리(一本之理)는 이(理)의 체(體)이고 만수지리(萬殊之理)는 이(理)의 용(用)이다"라는 율곡의 이 말은 무엇을 뜻하는가? 율곡은 우주 삼라만상의 근원인 태극(太極)을 몸체와 쓰임새의 두 측면에서 보았다. 즉 몸은 하나이지만 그 쓰임새는 무수하다는 것이다. 한 덩어리의 수정은 비록 몸이 하나라고 할지라도 갖가지 찬란한 빛을 발한다. 하나의 몸체는 그 쓰임새로 인해 무수히 많은 현상으로 나타나고, 반대로 수많은 현상은 모두 하나의 몸체에 속한다.

우리는 율곡의 이일분수(理一分殊)◆ 이론을 들먹이지 않더라도, 삶의 궁극적인 목적은 하나의 행복이지만 그것은 아름다움과 진리와 선으로 나타나는 것을 알 수 있다.

아름다움이 결여된 예술은 단지 형식적인 예술에 불과하다. 오늘날 우리는 단지 예술이라는 명칭만 붙어 있을 뿐 전혀 내용이 없는 소위 사이비 예술을 접할 수 있는데 그것은 예술다운 예술이라고 일컬어질 수 없을 것이다. 더욱이 우리는 온통 물질적 욕망에 물들어 있는 삶을 여러 곳에서 직면한다.

그런 삶은 예술의 아름다움을 결여한 삶이므로 그런 삶은 자발적 자유를 망각한 것이다. 그러므로 예술의 아름다움을 결여한 삶은 삶의 목적을 망각한 삶이다.

아름다움과 행복은 우리의 삶에서 두 가지이자 동시에 하나이다.

생각해 볼 문제

❶ 우리는 세계를 조화롭게 재창조함으로써 아름다움을 형성할 뿐만 아니라 또한 느낀다. 인간의 이와 같은 활동이 이루어지는 영역을 우리는 무엇이라고 부르는가?

❷ 문학과 음악 그리고 미술의 본질적 특징을 말해 보자. 그리고 그것들은 어떤 점에서 일치하며 또 어떤 점에서 서로 다른지에 관해 대화를 나누어 보자.

❸ 니체는 예술의 두 가지 요소를 디오니소스적인 것과 아폴로적인 것으로 보았다. 이들 두 가지는 어떤 것인가? 그리고 이들 두 요소가 어떤 근거에서 예술을 형성하는 기본적인 것들인가?

❹ 아름다움은 크게 자연적 아름다움과 예술적 아름다움이 있다. 이들 각각에 대한 구체적인 예를 들어 보자. 그리고 자연적 아름다움과 예술적 아름다움의 차이점 및 일치점에 관해 대화를 나누어 보자.

❺ 우리는 일반적으로 판단을 사실 판단, 가치 판단, 미 판단으로 구분한다. 각각의 예를 들어 보고 어떤 점에서 서로 차이가 나는지 이야기해 보자.

종교란 무엇인가

세계의
근원

청소년은 한순간도 안정할 줄 모르고 때로는 태양처럼 정열적인가 하면 어떤 때는 가을 낙엽처럼 자신의 무가치함에 절망하기도 한다. 그러므로 젊음은 세계의 모든 것을 물으며 때로는 적극적으로 긍정하는가 하면 때로는 냉담하게 부정하기도 한다.

현빈이와 영숙이도 예외는 아니어서 가끔 신앙 문제를 가지고 격렬하게 토론한다.

"영숙아, 네가 교회에 다니는 걸 나는 도대체 이해할 수가 없어. 일요일마다 형식적으로 교회에 나가는 거 아니야? 만일 신앙이 깊다면 네가 있는 곳이 어디든 교회가 아니겠어? 내가 보기에, 교회에 나가는 사람들은 대부분 사회생활을 위한 사교 목적으로 나가는 것 같더라."

"얘, 네가 가끔 절에 나가는 거나 내가 교회에 나가는 거나 뭐가 다르니? 신앙이 같은 사람들끼리 모여서 신앙을 더욱 두텁게 하면서 함께 하느님을 찬양하는 게 어째서 이해가 안 간다는 거야? 그렇다면 네가 절에 나가는 이유는 뭐지?"

"내가 절에 나가는 건 좀 달라. 일요일마다 가는 게 아니라 내가 가고 싶을 때, 절이 분위기 있는 곳이니까 잡념을 떨쳐 버릴 장소로서 알맞기 때문에 가는 거야."

"그렇다면 교회 나가는 것과 뭐가 다르니?"

"전혀 다르지. 교회는 욕망을 채우기 위해서 나가는 거고, 절은 모든 욕망을 떨치기 위해 가는 거니까 전혀 다를 수밖에."

"네 말은 그럴듯하지만, 교회 나가는 것도 실은 마음을 순수하게 하기 위해서 나가는 거야. 아무래도 네가 뭔가 잘못 생각하는 것 같다."

젊은이들은 신앙에 대해, 종교에 대해 그리고 삶 전체에 대해 너무나도 많은 물음을 가지고 있는 것이 사실이다.

그러나 애석하게도 젊은이들 중 많은 수가 신앙이나 종교의 세계와는 너무 멀리 떨어져 있어서 현실 사회에서 질식 직전의 상태에 처해 있는 것을 자주 본 수 있다. 남녀 문제로, 성적 문제로, 입시문제로 그리고 가정 문제로 고민하는 청소년들 가운데 심한 경우는 자살의 길을 택하는 예도 볼 수 있다.

정신의 뿌리 역할을 하는 종교를 조금이라도 청소년이 엿볼 수 있을 때 그 젊은이는 자신의 내면을 어느 정도 깊이 음미할 수 있을 것이며,

나아가서 삶의 의미를 붙잡을 수 있을 것이다.

　아득한 옛날부터 지금까지 우리 한국인은 자연에 대한 친밀감을 가지고 있다. 서양의 분석적·합리적인 사고방식과 과학 문명이 판치는 지금, 어쩌면 우리의 내면 깊숙이에는 자연과 하나가 되려는 욕구가 한층 더 강한 것 같기도 하다.

　우리네 조상들은 자연을 고향으로 여겼으며 산과 강과 바위를 그리고 바다와 바람과 해와 달을 외경의 마음으로 또는 친근한 마음으로 숭배하고 돌보아 왔다. 인간은 누구나 눈에 보이는 현실의 현상을 인정하면서 동시에 이런 현상을 있게끔 하는 세계의 근원이 무엇인지에 대해 의아심을 품는다.

　오늘날에도 산신령이나 용왕님을 믿는 사람들을 볼 수 있다. 어떤 사람은 급한 경우나 당황했을 때 "하느님, 맙소사!" 하고 소리친다. 또 어떤 이는 "하느님, 제 딸의 병을 꼭 낫게 해 주십시오" 하고 간절히 빈다. 이 경우 하느님은 직접적으로는 하느님을 그리고 간접적으로는 세계의 근원을 뜻한다.

　고대인들에게는 하늘이 아마 두렵고도 숭배할 만한 대상이었을 것이다. 해와 달과 별 그리고 구름과 바람과 천둥, 번개가 있으며 사계절을 있게끔 해 주는 하늘이야말로 모든 것을 있게 하고 삼라만상을 좌우하는 세계의 근원으로 여겨졌을 것이다.

　그러므로 "하느님, 맙소사", "하느님, 제발 도와주십시오"라고 할 때의 하느님은 눈에 보이는 하늘이 아니라 눈에 보이지 않는 세계의 근원을 뜻할 것이다.

고대인들은 동서양을 막론하고 자연현상을 신비롭게 여겼으며 자연현상의 근원이나 원인에 대해 곰곰이 생각했다. 그래서 희랍이나 인도나 중국 등에서는 삼라만상의 근원을 물, 불, 흙, 공기라고 보았다.

어떤 사람은 물을 자연의 근원이라고 주장했다. 왜냐하면 물은 어디에나 있으며 모든 것들이 물로 구성되었다고 보았기 때문이다. 어떤 이는 공기를 만물의 근원이라고 여겼다. 왜냐하면 공기가 희박해지면 물이 되고, 거꾸로 공기가 농축되면 수증기, 물, 흙 등으로 된다고 생각했기 때문이다. 그러나 그 후에는 물, 불, 흙, 공기의 네 요소들이 만물을 만드는 원인이라고 보는 견해가 일반적이다.

그러나 인간은 세월이 흐름에 따라서 감각적 앎으로부터 추상적 사고를 향한 길을 걷기 시작했다. 서양에서는 만물의 근원을 '정신(로고스)'이라고 보는 견해가 생겼으며 중국에서는 태극(太極)이나 도(道)를 만물의 근원이라고 보았다.

이런 견해는 눈에 보이지 않는 세계의 근원을 추구하려는 합리적 생각을 동반한다. 눈에 보이는 모든 것들은 존재자로 일컬어지며 궁극의 원인은 존재 자체 또는 실체(實體)라고 불린다. 예컨대 신이라든가 도, 또는 선사(全者) 등이 실제에 해당한다.

어떤 아리따운 미녀가 있고 그녀의 주변에 수많은 젊은 남성들이 있다고 해 보자. 이 미녀는 어떤 남성에게도 관심이 없으며 따라서 어느 누구에게도 눈짓을 하지 않고 조용히 먼 하늘만 바라본다. 그러나 젊은 남성들은 누구든지 혹시나 그 미녀가 자기를 사랑해 주지 않을까,

또는 어떻게 하면 그녀의 사랑을 독점할 수 있을까, 저마다 곰곰이 생각하며 들뜬 가슴을 안고 심히 동요할 것이다. 미인이 젊은 남성들을 전혀 움직이게 하지 않지만 젊은 남성들은 크게 동요한다. 젊은 남성들은 눈에 보이는 존재자들에 그리고 미녀는 눈에 안 보이는 실체에 해당한다.

　존재자들과 실체를 탐구하는 분야를 넓게는 형이상학(形而上學)이라고 하고 좁게는 존재론(存在論)이라고 한다. 한편으로 우리는 현상세계의 사물들의 근원을 추상적 사고에 의해 탐구한다. 그러나 또 한편으로 우리는 세계 근원을 절대자 또는 절대 경지로 신앙하는 경향을 가진다. 이 경우 세계 근원은 종교적 신앙의 대상이 된다.

　존재론에서 존재 자체는 종교에 있어서 절대자 내지 절대 경지와 다를 것이 없다. 존재론에 있어서 존재는 추상적 사고의 대상이고 종교에 있어서 신은 신앙의 대상이다. 이들 두 가지는 궁극적으로는 하나이지만, 학문의 입장에서 볼 때 세계 근원은 존재이며 종교의 입장에서 볼 때 세계 근원은 신(또는 절대 경지)이다.

현대인의 종교

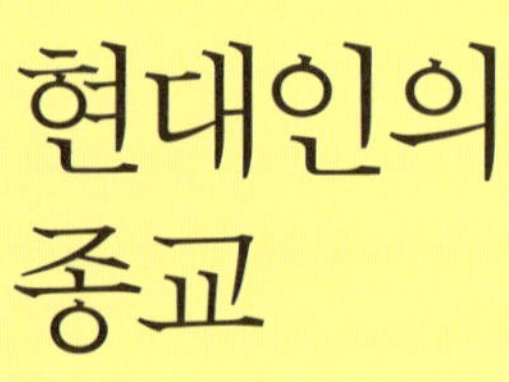

　　'콩 심은 데 콩 나고, 팥 심은 데 팥 난다'는 말이 있다. 현실은 무엇인가? 현실은 인간 정신의 표현이다. 우리의 문화 현실과 문명의 현실은 바로 우리 정신의 나타남이다.

　　현실은 구체적으로 정치, 경제, 문화, 사회, 과학, 종교 등으로 나타난다. 이들 여러 가지 현실의 모습은 서로 밀접하게 연결되어 가정과 사회 그리고 국가와 세계를 구성한다.

　　해마다 반복해 우리를 괴롭히는 가뭄과 홍수는 자연만의 파괴력이 아니다. 만일 수백 년 전부터 산과 물에 대한 치밀하고 장기적인 전략을 일관성 있게 실행해 왔더라면 가뭄과 홍수는 어느 정도 막을 수 있었을 것이다.

정치와 경제의 현실도 마찬가지이다. 만일 우리가 넓고 깊은 안목을 가지고 평등사상과 자유사상을 갈고 닦았더라면 오늘날과 같은 혼란은 겪지 않아도 되었을 것이다. 복잡하고 산만한 종교 현실도 예외는 아니다.

여러 가지 현실의 모습들 중에서 가장 근본 되는 것은 종교 현실이다. 왜냐하면 종교 정신은 우리 삶의 가장 내면적이고도 근본적인 정신이기 때문이다.

역사를 돌이켜 보면 인간의 모든 삶의 모습은 신앙과 신화에 초점을 맞추고 있음을 알 수 있다. 인간의 역사는 신화로부터 출발해 이성에 도달한다고 말할 수 있다.

오늘날 종교의 부정적 측면은 어떤 것들일까? 산업사회에 있어서 종교의 산업화*, 물질문명 안에서 종교의 도구화*, 이데올로기 집단 안에서 종교의 정치화 등은 현재 우리가 직면하는 종교의 부정적 측면이다.

우리는 오늘날 종교 정신 내지는 신앙심이 무의미하고 반복되는 일상성으로 전락한 것을 쉽사리 알 수 있다. 따라서 종교는 내용을 상실하고 빈 껍질만 찬란한 지경에 이르렀다.

현실에서 불교, 유교, 기독교는 우리에게 어떤 가치와 의미를 부여하는가? 신앙이란 원초적인 종교 정신이다. 그러나 종교 정신이 활짝

산업화
생산 활동의 분업화와 기계화로 2차·3차 산업의 비율이 높아지는 현상과 그에 따르는 사회와 문화구조의 변화

도구화
특정한 이익이나 목적을 위해 인간이나 제도를 철저하게 수단으로 삼는 것을 일컫는 말

피어나지 못하고 숨겨져 있을 경우 종교는 산업화·사회화되는 경향이 있다. 이것은 거짓된 종교 정신이 종교 현실에서 가면과 허위를 뒤집어쓴 것을 반영하는 것이다. 따라서 그처럼 거짓된 종교 현실이 내세우는 그럴듯한 강한 주장 및 미래에 대한 보장 역시 헛된 것이다. 종이로 만든 꽃은 제아무리 모양과 색깔이 눈부시더라도 싱싱한 향기와 생명을 결여하고 있다.

우리의 역사는 고난의 역사이다. 몽골과 중국 그리고 일본의 잦은 침략 그리고 우리 내부에서 발생한 무수한 정변과 사화 등은 어쩔 수 없는 역사 사실이지만, 또 한편으로 보면 그것은 우리 자신의 정신에 책임이 있는 역사 사실이기도 하다. 불교, 유교, 기독교가 본래의 종교 정신을 잊어버리고 지나치게 현실과 타협했던 역사 사실 또한 우리의 정신에 책임이 있다.

그러기에 우리는 질서와 조화, 미래와 현재, 삶의 의미와 가치를 보장해 줄 수 있는 종교 현실을 동경하며, 더 나아가서 이런 현실의 튼튼한 바탕이 되는 내면의 성실한 종교 정신을 강렬하게 동경한다.

그러나 종교 정신으로서 신앙은 오로지 주체적 인간의 자유와 자율에 의해서만 질서 있는 종교 현실을 표현할 수 있다.

가까운 역사를 거슬러 올라가서 우리는 천주교가 여러 가지 어려움을 극복하고 개화기에 우리의 삶에 긍정적 힘을 던져 주고 미래 지향적인 전망을 던져 준 것을 안다. 신교 또한 시대적으로 약간 나중이지만 일본의 지배 아래에서 그리고 해방 전후와 6·25 전쟁 이후 현재까지 우리의 삶을 긍정적으로 이끌어 왔다. 그러나 1960년대 이후 정치,

경제, 사회의 여러 가지 부차적 여건과 아울러 1980년대에 들어와서 각양각색의 종교 정신이 거짓된 가면을 쓰고 산업화, 물질화, 이데올로기화◆에 편승하는 경향을 볼 수 있다.

종교 정신으로서 신앙은 기계나 도구처럼 빠른 시간 안에 인위적으로 제멋대로 제작될 수 있는 성질의 것이 아니다. 그것은 비록 유한한 시간에서 현실로 나타난다고 할지라도 자유롭고 자율적인 인간의 정신에 의해 창조된다. 불교, 유교, 기독교의 경전에 나타난 종교 정신은 하루아침에 나타난 것이 아니다. 종교 정신은 길고 긴 역사를 거치며 정신의 전개로 꽃피는 것이다.

무신론자와
유신론자

각자 자기의 입장을 주장하면서 몹시 심하게 다투고 있었다.

"영석이 너는 전혀 구원을 받을 수 없어. 네가 아무리 신이 없다고 주장한다 할지라도 너를 살아서 숨 쉬게 해 주시는 하느님의 존재를 어떻게 부정하겠니?"

"재만아, 나는 네가 이해 안 되는건. 너는 어려서부터 교회에 다녔으니까 네 신념이 굳어 버린 거야. 내가 숨 쉬는 것? 그거야 내 허파가 스스로 숨 쉬는 것에 불과해. 너야말로 환상에 젖어 있는 거야. 하느님? 그런 것은 아무 데도 없어. 그건 사람들이 만든 거야. 오랜 기간 사람들이 그냥 습관적으로 믿어 왔을 뿐이야."

"영석아, 나는 네가 신앙의 세계로 들어와서 마음의 안정을 얻고 하느님의 축복 속에서 살기를 바라고 있어. 너는 눈에 보이는 것만 확실히 믿는데, 눈에 보이지 않는 것도 있다는 걸 몰라? 행복이나 진리는 눈에 보이지 않는 거야. 영석아, 행복이나 진리를 있게 하시는 분이 바로 하느님이야. 네가 아무리 신을 부정한다고 해도 언젠가는 결국 세상의 신비로움을 체험할 테고 그러면 신앙심을 갖게 될 거야."

"그건 너의 독단이야. 나는 만족이 곧 행복이라고 생각해. 그뿐인 줄 알아? 진리는 또 뭐야? 영원한 진리란 없어. 우리는 시간과 장소에 따라서 적절한 것을 진리라고 하는데 그것은 변하게 마련이야. 너희 소위 종교인들은 확실치도 않은 것을 억지로 확실하다고 믿으며 결국 세상을 너희 멋대로 숨 막히는 틀에 집어넣는 거 아냐?"

"영석아, 제발 세상을 비뚤어진 눈으로 보지 말고 바로 봐. 봄이 오면 꽃이 피고 나비가 날고 또 겨울이 되면 눈이 오는 게 신기하지도 않아? 이 세상은 신비로 가득 차 있어. 하느님이 그렇게 만드셨기 때문이지."

인간은 절대자, 곧 신에 대해 크게 두 가지의 자세를 취한다. 하나는 무신론(無神論)◆이고 또 하나는 유신론(有神論)◆이다.

"이 세상은 있는 그대로 확실한 것이며 어떤 누가 창조한 것이 아니다. 나는 현재의 나와 나의 능력만을 믿는다. 그러니까 나는 무신론자다."

무신론
신(神)과 같은 초인간적이고 초자연적인 힘의 개입을 부정하거나 존재 자체를 부정하는 사상이나 세계관 유신론과 반대의 개념

유신론
신의 존재를 인정하는 신학적·철학적 입장

그러나 이와 반대되는 주장도 있다.

"이 세계는 보이지 않는 원리 또는 창조주가 있기 때문에 존재한다. 이 사실은 이미 성경에 계시되어 있다."

주변에서 우리는 유신론의 입장을 지닌 사람들과 무신론의 견해를 가진 사람들 그리고 유신론이나 무신론에 그다지 신경 쓰지 않고 매일을 숨 가쁘게 달려가는 사람들을 볼 수 있다.

그러나 셋째 무리에 속하는 사람들도 결정적 순간에는 유신론이나 또는 무신론의 입장을 택하게 된다.

유신론과 무신론의 구분은 관념론과 유물론◆의 구분과 일치하므로, 우선 관념론과 유물론을 살펴보면 유신론과 무신론의 차이가 자연적으로 밝혀질 수 있다. 관념론은 이성이나 정신을 세계의 근원으로 본다. 예컨대 돌덩이나 쇳조각을 쪼개어 보자. 그것들은 우선 작은 알맹이인 분자로 분할될 것이고 다음으로 원자 그리고 전자 순으로 분할될 것이다. 전자가 더 이상 쪼갤 수 없는 어떤 것으로 분할된다면 더 이상 물질이 아니다. 왜냐하면 물질은 분할 가능한 것이기 때문이다.

더 이상 쪼갤 수 없는 것이 물질이 아니라면 그것은 '정신적 힘'이다. 그렇다면 우리가 물질이라고 부르는 것은 단지 명칭만 그럴 뿐이고 근본적으로는 정신적 힘들의 결합에 지나지 않는다. 관념론이나 유심론(唯心論)은 이와 같은 입장을 대변한다.

> **유물론**
>
> 물질을 1차적·근본적인 실재로 생각하고, 마음이나 정신을 부차적이고 파생적인 것으로 보는 견해

물질

분자

원자

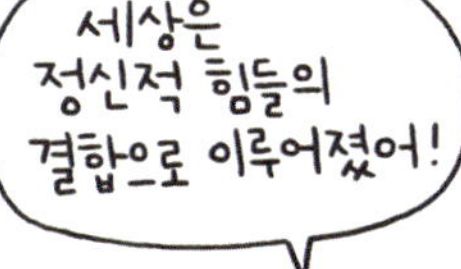

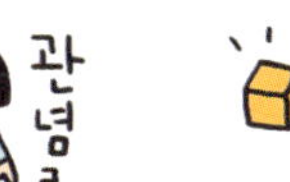

전자

그러나 이와 정반대로 대상의 최소 단위를 전자로 보고 전자를 물질이라고 한다면 세계를 구성하는 근원은 결국 물질이다. 유물론은 이런 입장을 기초로 삼는다.

무신론은 일반적으로 유물론을 바탕으로 한다. 유물론은 형이상학의 입장이지만 종교의 편에서 그것은 무신론이 된다. 무신론을 가장 잘 대변하는 것으로 여겨지는 니체와 마르크스의 견해를 간략히 살펴보자.

니체는 기독교의 하느님을 부정한다. '신은 죽었다'고 한 그의 말에서 신은 바로 기독교의 하느님이다. 그는 인간을 초월하고 전지전능한 기독교의 하느님을 부정한다. 그는 인간의 내면에서 세계 근원을 찾는데, 그것은 곧 '힘에의 의지'이다.

니체는 물리적, 생물학적 그리고 경험적인 근거에 의해 생동하는 삶의 과정이 이행된다고 생각한다. 니체는 세계의 밑바닥에서 보이지 않고 꿈틀대는 '힘에의 의지'를 깨달은 자를 초인(超人)이라고 부른다. 초인은 반복하는 일상성을 초월해 자신을 자각하고 세계를 새롭게 구성하는 자로서 세계의 목적이다.

이것은 가장 깊은 고통의 파악이다. 형태를 이루는 힘은 스스로 동요한다. …… 개체의 개별화는 기만해서는 안 되는 것이니, 사실 개별자에게는 어떤 것이 끊임없이 흐른다. 개별자가 느끼는 것은 멀리 있는 목표를 향한 과정 속으로의 힘찬 몰입이다. 개별자의 행복 추구는 형태를 구성하는 힘들이 또 한편으로는 함께 모여 방해하지 않도록 힘차게 하는 수단이다. 인간성이 아니라 초인이 목적이다!

니체가 말하는 초인은 분명히 기독교의 하느님이 아니다. 초인은 '힘에의 의지'를 내면에 소유한 인간이므로 그것은 기독교의 하느님보다 오히려 불교의 불타(깨달은 자)에 한층 더 가깝다. 그렇지만 불타는 삶의 무(無)와 공(空)을 깨달은 자임에 비해, 초인은 힘에의 의지를 깨달은 자이므로 양자는 근본적으로 다르다.

니체에게 있어서는 개별자 인간이 힘에의 의지를 자각하고 소유할 때 초인이 된다. 그러므로 초인은 인간을 초월하는 것이 아니라 어디까지나 인간의 차원에 속한다.

니체에 의하면 보편적인 것은 형식적인 것이며 그것은 인간 정신이 날조한 것이므로, 니체는 개별적이고 구체적인 것만을 참답다고 본다. 따라서 니체는 보편적이며 추상적인 절대자를 신앙하는 종교를 반대하며 특히 기독교의 하느님을 부정한다.

니체가 말하는 초인은 결코 신이 아니다. 자신의 고달픈 운명을 사랑함으로써 힘에의 의지를 자각하고 자신의 삶을 선택하고 결단하는 자가 바로 초인이다. 그러므로 초인은 실존적 인간이다. 대중을 초월해 개별자로서 힘의 의지를 자각해 자신의 삶을 고독하게 그러나 힘차게 창조하는 자가 초인이다.

그러면 마르크스의 무신론은 어떠한가? 마르크스는 전통 철학처럼 세계를 해설하는 것은 철학의 과제가 아니라고 선언한다. 그는 세계를 개선하는 것이야말로 철학의 진정한 과제라고 본다.

마르크스는 물질적 욕망의 충족을 행복이라고 주장한다. 사회가 물질적으로 충분하게 만족할 수 있는 사회로 개혁될 때 인간이 행복해질 수 있다는 것이 그의 주장이다. 따라서 정신이나 정신적 만족은 부차적인 것에 불과하게 된다.

마르크스는 물질적 경제구조를 하부구조(근본 구조)로 그리고 정신적 구조(문화)를 상부구조(부차적 구조)로 본다. 마르크스는 대표적인 유물론자이며 동시에 무신론자이다. 그가 보기에는 신 또한 정신의 산물이므로 부차적인 것으로서 그것은 헛된 개념에 지나지 않는다.

그러나 종교적 신앙을 소유한 사람들은 모두 유신론을 지지한다.

그런데 여기에서 우리는 무신론이나 유신론을 섣불리 주장하면 독단에 빠지기 쉽다는 것에 주의할 필요가 있다.

우리 앞에 한 덩어리의 수정이 있다고 하자. 어떤 사람은 그것을 빛이라고 주장할 것이고 또 어떤 사람은 그것을 돌멩이라고 주장할 것이다. 전체적 관점에서 살필 때 수정은 '빛나는 돌멩이'이다.

무신론과 유신론의 경우도 이와 마찬가지가 아닐까? 삶의 표면현상을 감싸고 있는 것이 무신론이라고 할 것 같으면, 삶의 내면적 근원을 이루는 것은 유신론이 아닐까?

수없이 많은 이론들이 제아무리 서로 다르다고 할지라도 그것들은 모두 한 맛[一味]이라고 한 원효의 사색이 던져 주는 의미를 여기에서 다시 한 번 음미해 볼 필요가 있을 것이다.

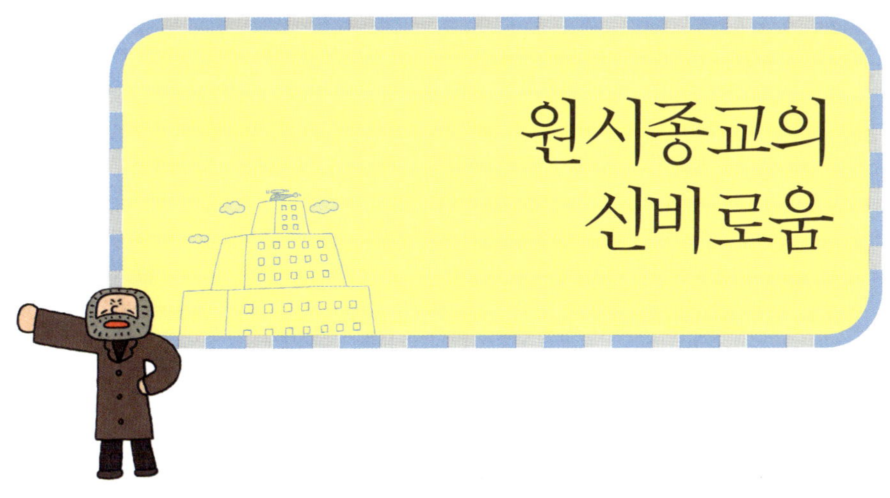

우리는 '신비'라는 말을 사용하는 것을 자주 경험한다. 또한 우리 자신도 '자연은 신비스럽다'든가 '기적의 신비', '신비로운 인체 조직'과 같은 말을 흔히 사용한다. 이런 경우 신비는 '오묘함'이라든가 '조화로움'의 뜻을 가진다. 이와 같은 신비는 일상생활에서 우리가 가질 수 있는 감정이나 정서에 관한 표현이다.

따라서 신비로움의 정서는 누구든지 때와 장소에 따라서 가질 수 있으며 또 갖지 않을 수도 있는 우연한 성격을 가진다. 우리가 보통 가지는 신비는 시간이 지나가면 자연적으로 자명한 것으로 드러나지만 그렇지 않은 경우도 허다하다.

어린 시절 무지개는 신비의 대상이지만 시간이 흐르면 우리는 무지

개가 물방울과 햇빛에 의한 현상이라는 것을 알게 된다. 아이들은 아기가 태어나는 것을 신비스럽게 여기지만 나이가 들면 남녀의 사랑이 결실을 맺어 아기가 태어난다는 사실을 안다.

그러나 종교는 그것이 원시종교이든 아니면 불교나 이슬람교 또는 기독교와 같은 계시종교이든 간에 신비로운 체험을 바탕으로 삼는다. 그러므로 신비로운 체험을 포함하지 않는 신앙은 형식적인 것으로 끝난다.

원시종교의 신비는 마나, 샤머니즘, 주물숭배(呪物崇拜), 마법사 등에서 잘 나타난다.

원시종교의 초기 단계에서는 인간과 자연을 지배하는 신성함이 있다는 믿음이 나타나지만, 이런 신성함은 아직 신이나 인격적 정신의 모습을 형성하지 못한다. 어떤 종족의 족장이나 선택된 자만이 이 신성한 힘을 가진다고 여겨졌다. 멜라네시아 인들의 마나 그리고 이로쿼와 인들의 오렌다는 인간과 자연을 지배하는 힘으로서, 특정한 자만이 이 힘을 가지고, 이 힘을 지닌 자는 종족에 대해 절대적 영향력을 행사할 뿐만 아니라 비와 농사를 비롯해 번개와 태풍을 조절하는 능력을 소유한 것으로 생각했다.

마나 그리고 오렌다가 초인적 힘을 가진 자를 뜻한다면 그것은 다분히 샤머니즘과 통하는 점이 있다. 오늘날 심령술에 심취하는 사람들 역시 그들이 마나나 오렌다처럼 되기를 바란다고 볼 수 있다.

동북아시아에 널리 퍼져 있는 원시종교의 또 한 형태는 샤머니즘이다. 샤머니즘에서는 샤먼(무당)이 신성한 본질을 가지고 그것을 다른 사람들에게 나누어 주는 것을 특징으로 삼는다. 샤머니즘은 주로 동북아시아에 퍼져 있지만 남아시아와 말레이시아의 일부 지방에서도 발견된다. 샤먼(무당)은 신들린 사람이고, 신들린 사람인 주술사(呪術師)는 인간의 모습으로 신령을 대신해 악과 재앙을 물리치고 복을 가져다준다는 것이 샤머니즘의 특징이다.

잘 알려져 있듯이 무당은 제사를 집행하고 앞날의 길흉화복을 예언하며 질병을 고치는 역할을 담당한다. 굿거리에서 무당은 제사(의식)를 관장하는 자로서 선악귀(善惡鬼)를 불러 지난날과 앞날을 이야기하며 악을 물리치고 선을 불러 온다.

샤머니즘은 원시종교의 가장 전형적 형태로서 선한 귀신(신령)과 악한 귀신을 섬긴다. 인간과 자연을 보호하며 이익을 가져다주는 것은 선한 귀신이고 파괴적이며 손해를 가져다주는 것은 악귀이다.

무당은 방울을 흔들고 북을 두들기며 춤을 추어 질병을 물리치고 풍년을 기약하며 선한 일이 오도록 선한 신령에게 의탁하기도 하고, 또 한편으로는 악령을 안심하도록 위안하고 진정시키기도 한다. 인형을 이용한 악주술(惡呪術)이나 서낭당과 같은 예로써 그와 같은 사실을 알 수 있다.

샤머니즘은 다음과 같은 몇 가지 특징을 가진다.

첫째, 샤먼은 초인적 신령과 하나가 되지만 이 신령은 아직 다신(多神)의 모습을 가지므로 세계의 원천적인 근원에 대한 반성이 아직은 결핍되어 있다.

둘째, 샤머니즘은 모든 사물이 초자연적 힘에 물들어 있다는 물활론(物活論)의 사고방식을 가진다.

셋째, 샤머니즘은 모든 사물이나 인류 전체가 아니라 특정한 집단의 종족에만 관심을 가진다.

넷째, 샤머니즘은 길흉화복의 문제와 질병을 치료하는 데 있어서 지극히 현실적이어서 인간성 자체에는 별 관심이 없다.

주물숭배는 또 하나의 원시종교 형태이다. 인간의 손에 의해 가공된 물건이나 부분적으로 가공된 자연 대상에 관한 숭배가 곧 주물숭배이다.

제사의 대상, 주술에 사용하는 것 또는 몸에 지님으로써 원하는 효과를 기대하는 것 등이 주물숭배의 대상으로 등장한다. 주물숭배는 아프리카 원주민들 사이에서 쉽사리 발견할 수 있다. 이는 일종의 민간신앙이고, 우리 주변에서 발견되는 주물숭배의 가장 흔한 예로는 부적을 들 수 있으며 마스코트도 일종의 주물숭배이다. 흔히 불교나 유교를 믿는 집에서 악귀를 물리치기 위해 알 수 없는 글씨를 쓴 종이를 은밀한 곳에 붙이거나 몸에 품고 다니는데, 이런 것은 원래의 불교나 유교와는 상관없고 민간신앙으로서의 주물숭배의 일종이다.

주물숭배 역시 샤머니즘과 마찬가지로 인류 전체를 염두에 두지 못하고 특정한 개인이나 집단의 번영을 기원하므로 발전된 계시종교의 차원에 도달하지 못한다.

　서부영화를 보면 인디언들 사이에서 길흉화복을 예언하고 사람들의 행동 결정에 지대한 영향력을 행사하는 마법사(마술사)를 볼 수 있다. 이 마법사는 인디언들 사이에서 현란한 색채의 옷이라든가 가면 또는 해골로 치장하고 신령스런 정령(精靈)이나 동물의 걸음걸이, 울부짖음 등을 흉내 내면서 그런 힘을 발휘할 수 있는 것으로 알려졌다. 마법사는 춤추고 외치며 때로는 약물을 복용하거나 스스로 고통을 당함으로써 신령에 접하려고 한다. 이런 인디언 마법사의 성격은 샤머니즘이나 주물숭배의 성격과 하나도 다를 것이 없다.

계시종교

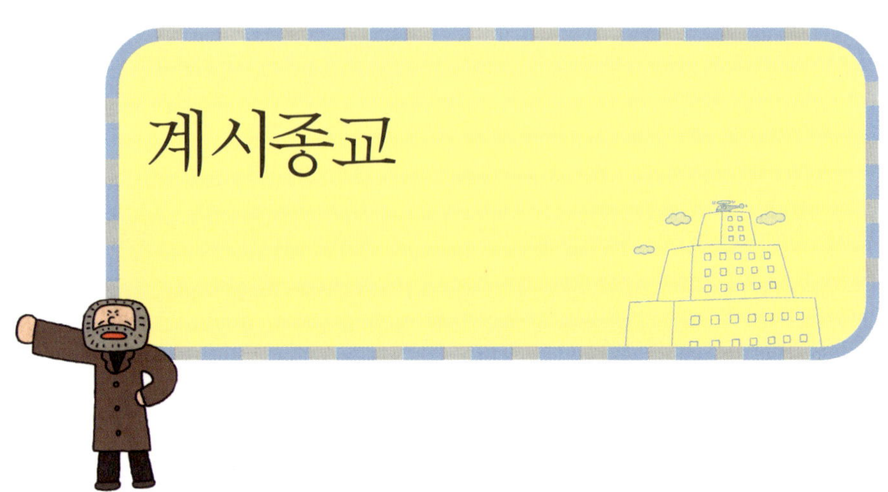

 그리
고 마법사에서 살펴본 것처럼 원시종교는 모든 사물을 마치 살아 있는
것처럼 여길 뿐만 아니라 여러 신들을 섬기며 자연 대상을 초자연적
힘이 있는 것으로 보고 특정 집단의 종족에만 관심을 두며 인간성 자
체에 대한 자각이 없다. 따라서 원시종교는 아직 세계 근원에 대한 반
성과 신앙이 부족하다.

종교의 발전 과정을 보면 그것은 일반적으로 원시종교, 민족종교
그리고 계시종교로 진행된다. 계시종교(또는 세계종교)에 이르러서 종교
는 비로소 평등사상을 지니며 세계 근원에 대한 반성과 신앙을 갖는다.

계시종교는 원시종교와 달리 교리 신앙 대상으로서의 절대자나 절대 경지, 의식(儀式) 및 공적 인정과 신자 등의 요소를 갖추고 있다. 이것은 계시종교의 보편성을 말해 준다.

여기에서는 계시종교를 살피고, 특히 계시종교의 신비주의적 측면을 부각해 보자. 왜냐하면 불교든 힌두교든 또는 이슬람교든 간에 이들 계시종교의 근본적 바탕을 이루는 것이 바로 신비주의적 특징이기 때문이다.

종교의 신비주의가 신 또는 절대자와의 직접적이며 직관적인 합일이라고 한다면 불교에서는 아무런 신비주의적 색채도 찾을 수 없다. 불교의 목적은 '봄〔見, 觀〕'이요, '깨달음〔覺〕'이지, 결코 신이나 절대자에 의한 구원이 아니다.

따라서 불교는 사성제(四聖諦), 즉 사해(四海)가 고통과 고뇌라는 고제(苦諦), 범부들의 고뇌는 번뇌 특히 그 중에서도 갈애(渴愛) 때문에 생긴다는 집제(集諦), 고와 갈애를 멸한 열반*의 경지가 절대 경지라고 하는 멸제(滅諦), 고를 멸하는 방법이 팔정도(八正道)라고 하는 도제(道諦) 및 팔정도와 십이인연(十二因緣)을 근본 교리로 삼고 있다.

사성제는 네 가지 진리이며 이런 진리가 나타날 수 있는 것은 십이인연 때문이고 사성제의 마지막 진리인 도제에 이르는 올바른 길이 팔정도인 것이다. 팔정도는 올바른 인식인 정견(正見), 바른 생각인 정사(正思), 도덕적으로 올바른 행위인 정명(正命), 깨닫기 위한 바른 노력인 정정진(正精進), 올바른 마음의 통일인 정념(正念), 무상무아(無常無我)를 실현해 정견을 실현하는 올바른 선정(禪正)인 정정(正定)을 말한다. 팔정도는 어떤 극단적인 방법에도 치우치지 않고 쾌락주의 및 고행주의의 두 극단을 극복하고 깨달음에 도달하기 위한 올바른 중도법(中道法)이라고 말할 수 있다. 그러나 삶과 세계의 사해가 고(苦)인 것은 십이인연에서 기인한다.

십이인연은 현상계 또는 미계(迷界)의 열두 가지 특징으로서, 그것은 순차적인 인과관계 또는 조건부의 관계를 가지고 나타난다. 십이인연은 무명(無明)◆, 행(行), 식(識), 명색(名色), 육입(六入), 촉(觸), 수(受), 애(愛), 취(取), 유(有), 생(生), 노사(老死)를 말한다.

무명이 원인이 되어 그것에 따라서 행이 있고 노사가 있다고 보는 것을 순관(順觀)이라 하고, 이와는 반대로 무명이 없으면 행이 없고 노사도 없다고 보는 것을 역관(逆觀)이라고 한다. 일반적으로 사성제, 팔정도, 십이인연은 원시불교의 근본 교리이지만 이것들이 발전해 후세 불교 철학의 모든 교리에 확장된다고 볼 수 있다.

그러나 여기에서 우리가 주의해야 할 것은 사성제, 팔정도, 십이인연은 모두 정정, 곧 선정에 의해 열반에 이르기 위한 방편이라는 점이다.

무장무애(無障無礙)한 깨달음이 불교의 목적이며 그런 깨달음은 분별지(分別智)의 한계를 넘어서는 것이기에 우리는 불교를 넓은 의미에서 종교적 신비주의라고 말할 수 있다. '깨달음'에서는 이미 개별과 보편이 합일되며 동시에 주관과 객관의 구분이 없어지므로 불교의 신비주의는 원시종교의 신비주의와는 달리 세계 원리의 보편성에 접근해 있다고 말할 수 있다.

불교의 깨달음은 특정한 나 또는 너 그리고 집단의 이익을 위한 것이 아니고 마음의 순화를 위한 일체 중생의 근본적 본질을 회복하기 위한 것이다.

어떤 사람은 불교라든가 도교를 종교의 가장 낮은 단계인 자연종교로 보기도 하나, 그와 같은 생각은 불교나 도교의 본질을 파악하지 못했기 때문에 생기는 것이다. 불교의 깨달음은 인간의 모든 지성 능력을 통찰한 후 이 지성 능력의 씨앗까지 파악해 그 씨앗을 멸할 때 얻어진다. 우리는 불경 곳곳에서 또는 선사들의 말에서 참다운 깨달음에 대한 암시를 얻을 수 있다.

사실, 불교의 깨달음처럼 비사회적이며 비현실적인 것도 없을 것이다. 불교의 깨달음은 결국 인간의 현실적인 모든 분별력을 집착 내지는 망상 또는 환(幻)으로 보기 때문이다. 물론 이런 입장에 접근하는 예를 우리는 기독교 신비주의 사상가인 에크하르트의 '섬광'이나 '작은 섬'에서 찾아볼 수 있다.

그러나 불교에서는 인간의 분별력을 환으로 세우고 동시에 그것을 공(空)으로 깨뜨려 버림으로써 대자유(大自由)의 경지를 얻는다고 볼 수 있다.

이제 『벽암록』의 한 구절을 살핌으로써 불교의 깨달음이 어떤 것인지를 음미해 보자.

구름은 드넓은 벌판에 모여 하늘땅에 가득 찼고, 흰 눈은 갈꽃 위에 온통 덮여 꽃과 눈을 분간하기 어렵다. 이 세상 차갑다고 보면 쌀가루처럼 잘다. 길고 멀어 눈으로 엿볼 수가 없고 신비로워 악마, 외도도 짐작하지 못한다. 하나를 보고 셋을 아는 자라면 그런대로 안심이 된다. 천하 사람의 말문을 콱 막아 버릴 수 있을까? 자, 어떤 자가 그런 경지에서 솜씨를 보일 수 있을까? …… 어떤 선승이 파릉호감화상에게 '제파종'이란 본래 뭡니까, 하고 물었다. 파릉은 은주발에 담은 눈이라고 답했다.

일반적으로 선가에서는 화두를 통해 깨우침의 길에 들어선다. 우주의 참모습이 한없이 깊고 멀어 부처님의 눈으로도 엿볼 수 없다는 것은 특정한 지식이나 분별력에 의지해 참다운 깨달음에 도달하는 것은 불가능하다는 것을 뜻한다. 더욱이 '은주발에 담은 눈'이란 표현은, 모든 것이 형식은 다르다고 할지라도 눈이나 은주발이나 다 같이 '하얗다'는 것에 합일되니 모든 것은 결국 일심(一心)의 깨달음에서 드러나게 마련이란 뜻이다. 불교의 깨달음에 관한 암시를 던져 주는 또 하나의 구절을 법구경에서 찾아보자.

모든 혼합물은 무상(無常)하다. 한 사람이 이것을 지혜로써 알 때 그는 고(苦)로 이 세계를 마음에 두지 않는다. 이것이 순수함으로 가는 길이다.

모든 혼합물은 고로 차 있다. 한 인간이 이것을 지혜로써 알 때 그는 고에 찬 이 세계에 마음을 두지 않는다. 이것이 순수함에 이르는 길이다.

모든 것들(dhamma)은 자아가 없다. 한 사람이 지혜로써 이것을 알

때 그는 고에 찬 이 세계를 마음에 두지 않는
다. 이것이 순수함에 이르는 길이다.

이 법구경의 구절은 색즉시공(色卽是空)＊,
공즉시색(空卽是色)＊을 깨닫는 지혜를 지시
해 준다. 한결같음이 없고 고통에 찬 현실적인
삶의 세계〔色〕는 바로 집착에 불과한 빈 것
〔空〕이며 이 빈 것을 보면 단지 빈 것〔空〕에 불
과한 것이 아니라 구체적인 사물의 세계〔色〕
인 것이다. 그러므로 허(虛)와 여(如)에 대한 깨달음을 얻을 수 있다.
알찬 현실과 헛것으로서의 집착 모두 거짓〔虛〕일 뿐만 아니라 공즉시
색이고 색즉시공이니 우주 삼라만상은 이대로〔如〕인 것이다.

깨달음의 입장에서 보면 열반(nirvana)은 진여(tathata, 그러함 또는
이대로)이자 공(空, sunya)이다. 동시에 열반은 불성(佛性)이다. 그러
므로 깨닫는 것을 일컬어 견성성불(見性成佛)이라고 하는 것이다. 올바
른 봄〔正見〕에 의해 올바로 깨닫는 것〔正定〕이 불교의 핵심이라고 보면
이런 과정은 인간의 지성을 초월한다.

따라서 우리는 불교의 '봄'과 '깨달음'이 지성의 한계를 넘어 공이나
여의 절대 경지와 합일하기 때문에 불교를 신비주의라고 말할 수 있
다. 그렇지만 여전히 불교는 다른 종교들처럼 신이나 절대자를 전제로
하지 않는다는 점에서 불교 이외의 다른 종교적 신비주의와는 성격이
판이하게 다르다고 할 수 있다.

여기에서는 노자의 신비주의적 요소를 살핌으로써 그런 요소가 후에 장자 및 도교의 신비주의 사상의 기초를 이루게 된 것을 알 수 있을 것이다.

장자는 인간의 지식이 분별하고 파악하는 현상세계〔유명계(有名界)〕를 부정하고, 자연적으로 생성 소멸하는 존재 자체의 세계를 무명(無名)이라고 보았다. 장자는 현상세계로부터 존재 세계의 길을 헤맨다고 말할 수 있다.

그러나 노자는 장자와 반대되는 길을 제시한다. 무명천지지시(無名天地之始), 유명만물지모(有名萬物之母)는 이름 없는 것이 천지의 시작이고, 이름 있는 것이 만물의 어머니라는 뜻을 말한다. 그는 존재계로부터 현상계가 나타나는 방법을 밝혀 준다. 그러나 인간 지식의 밑바탕에 놓여 있는 것은 무지의 암흑인 현(玄)인데, 이 현을 통찰하기 위해서 인간의 지식은 무능하고 오직 무사무위(無思無爲)에 의해서만 가능하다. 즉 위장된 지식과 행위를 버림으로써만 존재의 근거인 현에 들어갈(入玄) 수 있는 것이다. 그러면 이와 같은 입현에서 드러나는 것은 무엇인가?

보려고 해도 보이지 않으므로 이름 하여 이(夷)라고 한다. 들으려 해도 들리지 않으므로 희(希)라고 한다. 잡으려 해도 잡히지 않으므로 미(微)라고 한다. 이들 셋은 말로 구명할 수 없으므로 통틀어서 하나〔一〕라고 한다. 그것의 위는 더 밝지 않고 그것의 아래는 더 어둡지 않다. 긴 끈처럼 길게 이어지지만 이름 붙일 수 없다. 결국은 아무것도 없는 것〔無〕으로 되돌아간다.

이것을 일컬어 형체 없는 상(狀)이라 하고 물상(物象) 없는 상(象)이라고 한다. 이것을 일컬어 황홀하다고 한다. 앞에서 봐도 그 머리를 볼 수 없으며 따라가면서 봐도 그 끝이 보이지 않는다. 그러나 옛 도의 이치를 파악해 현재의 일을 다스리면 능히 태고의 처음도 알 수 있다. 이것을 일컬어 도의 단서라고 한다.

노자의 도는 결국 무사무위에서 볼 때 무명(無名)과 유명(有名)의 상대적 반복의 근원이므로 노자의 도는 현실로서의 유명 및 존재 근거로서의 무명 양자를 모두 초월해 세계 원리인 도와 합일해 무위자연의 절대 경지에 들어선다고 할 수 있다. 그러므로 입현의 경지는 무위자연의 경지 이외의 다른 것이 아니다.

우리는 여기에서 불교의 신비주의와 노자의 신비주의 간의 유사점을 볼 수 있다. 즉 불교나 노자나 모두 대자유의 절대 경지와의 합일을 목적으로 삼는다는 것이다. 불교의 깨달음 그리고 노자의 '도'는 결코 신이나 절대자는 아니고 의식의 대자유, 대자재(大自在)의 경지라고 말할 수 있다. 불교는 선정(禪定)의 봄을 통해, 노자는 무사무위와 입현을 통해 대자재의 경지에 이르게 되는데, 이 두 가지 방법은 모두 인간의 지성적 분별력을 초월하는 신비적인 체험의 영역이라고 할 수 있다.

이와 같은 노자의 신비주의 사상을 기반으로 장자는 현상계를 초월해 무명의 본질에 접하려 했으며, 후일의 도교는 또한 노장 사상을 바탕으로 삼고 신선(神仙) 사상, 유교, 불교 및 민간 신앙과 혼합을 이루어 오히려 원시종교의 신비주의적 차원으로 후퇴한 느낌을 준다.

다음으로는 유대교의 신비주의적 요소를 가능한 간략하게 그 핵심만을 살펴보려고 한다. 불교 및 노자의 신비주의에서 살펴본 것처럼 종교적 신비주의에서는 이미 신앙과 이론의 체계화가 이루어지고 있으며, 자연적인 원시종교의 신비주의와는 달리 세계의 원인 내지 세계의 근거와 주관의 합일이 이루어지고 있다. 이와 같은 주관과 객관의 체계적인 통일은 유대교의 신비주의에서도 마찬가지이다.

유대교의 신비주의 철학은 가비롤이라든가 마이모니테스 등에 의해 대변된다. 여기에서는 가비롤의 신비주의 철학을 간단히 살펴보자. 물론 가비롤도 다른 유대 철학자들과 마찬가지로 『구약성서』와 아울러 유대교의 경전인 『탈무드』를 기초로 삼고 있다. '탈무드'는 '가르침'이라는 의미를 가진다. 『탈무드』는 유대교에서 율법, 사회 관습, 설화, 교훈 등을 총괄 기술한 경전이다.

이것은 기원전 2세기의 의인(義人) 시몬으로부터 나비나를 거쳐 7백 년에 이르는 성경을 근거로 구성된 미슈나와 게마라의 가르침을 편찬한 것이다.

유대교 철학자들은 신플라톤주의의 지대한 영향을 받았으며 가비롤도 예외는 아니다. 또한 가비롤은 아리스토텔레스적인 질료형태주의(質料形態主義, Hylomorphism)의 영향도 받았다. 그는 신의 창조적 의지에서 질료가 유출되며, 물질성으로서의 육체의 형상을 지닌 질료를 제외하고 나머지 질료는 가시적이거나 정신적이라고 보았다. 가비롤은 그러므로 가장 낮은 단계의 질료만이 물질적이라고 보았으므로 물질 이외의 존재는 모두 질료와 형태를 동시에 소유한다고 보았다.

가비롤의 신비주의적 요소는 인간을 소우주로 보고 대우주의 모든 형태를 인간 안에서 발견한다는 점이다. 소우주인 인간은 의지에 의해 보편 의지인 신을, 그리고 이성에 의해 보편 이성인 신을 알 수 있다.

우리는 가비롤의 신비주의 철학에서 신앙과 이성을 결합시키려는 무한한 노력을 엿볼 수 있다. 이런 노력은 이슬람 및 기독교의 신비주의 철학에서도 마찬가지로 나타난다. 신앙에만 의존하지 않고 신앙과 이성, 무한자와 유한자, 절대자와 상대자를 결합시키고 동일화시키려는 노력이야말로 참다운 종교적 신비주의의 또 하나의 특징이다. 왜냐하면 그런 노력은 초월적인 것에만 머무는 것도 아니며, 그렇다고 현상에만 집착하는 것도 아니고, 현상과 초월의 합일을 꾀하는 신비주의의 근본적인 요소이기 때문이다.

힌두교는 엄밀하게 말해 하나의 체계화된 종교가 아니고, 바라문교(婆羅門教, brahmanism)가 다양한 민간신앙과 융화되어 발전한 형태의 종교로서 여러 가지 교리, 제도, 의식, 풍속 및 습관 등을 포함한다. 간단히 말해서, 힌두교는 전통적인 바라문교가 발전한 형태의 종교라고 말할 수 있다. 그러므로 여기에서는 바라문교의 근본 요소를 살핌으로써 힌두교 신비주의의 근원이 되는 측면을 살펴보려고 한다.

바라문교는 범신론적인 종교로서, 범(梵, brahman)과 아(我, atman)의 일여(一如)를 궁극 목적으로 삼는다. 범아일여 역시 일종의 주관과 객관의 합일이라고 볼 수 있다. 브라만은 우주의 최고 원리이며 자존적(自存的)이다.

개별적인 자아인 아트만이 자존자(自存者)인 브라만과 합일해 동일하게 될 때 인간은 진리의 세계에 들어가서 열반에 이른다. 아트만의 어원은 '호흡'으로서, 그것은 점차로 개인의 정신 원리이자 통일인 '중심'을 뜻하게 되었다.

따라서 아트만이 뜻하는 것은 개별적 자아이다. 바라문교는 어떤 다른 종교보다도 세계의 부펴 원리인 브라만과 개별 원리인 아트만이 브라만과 합일하는 과정이다. 이와 같은 합일의 과정은 주로 요가(깊은 명상)에 의해 이루어진다. 우리가 일반적으로 신체에 고통을 가하거나 또는 육체를 단련해 마음을 맑게 하는 방법을 요가라고 알고 있지만 그런 방법은 실은 요가가 아니라 타파스이다.

아트만은 명상의 힘에 의해 정적의 신비스런 경지에 들어가서 브라만과 합일할 수 있는데 바로 이런 경지가 열반이나 해탈과 동일한 것이다. 이렇게 보면 바라문교는 불교나 노자와는 달리, 절대자인 브라만을 전제로 하므로 오히려 유대교, 이슬람교, 또는 기독교에 가깝다고 할 수 있겠다. 물론 바라문교에서 말하는 명상으로서의 요가도 인간 지성의 분별력을 초월하는 힘이다.

이렇게 보면 오늘날 힌두교의 신비주의적 요소 역시 힌두교의 모체인 바라문교의 신비주의적 요소와 대동소이함을 미루어 알 수 있다.

이슬람교는 유일신인 알라를 절대자로 삼으며 이슬람교의 신앙과 행위에 대한 규범은 이슬람 경전인 『코란』과 전승 기록인 『순나』에 모두 포함되어 있다. 이슬람교의 철학은 일반적으로 플라톤, 신플라톤주의 및 아리스토텔레스의 영향으로 인해 합리주의 및 주지주의적인 성격이 강하다.

그러나 11, 12세기에 들어서서 수피주의(sufism) 운동이 힘을 얻으면서 신비주의 철학이 번성했다. 수피주의자들은 이성이 아니라 직관적인 영광스러운 지식에 의해 절대 진리에 도달할 수 있다고 믿었다. 즉 알라와의 합일은 신비의 정신적 직관에 의해서 가능하다는 것이다.

수피주의는 기독교의 위(僞) 디오니시우스라든지 에리우게나와 같은 신비주의 철학자들의 영향을 받았으며 동시에 신플라톤주의의 신비주의 사상에서도 영향을 받았다. 수피주의의 결과 드디어는 형이상학을 전적으로 배격하고 신앙의 체험에 의해 알라 신과 합일하려는 경향도 일어났다.

그러나 일반적인 관점에서 볼 때 이슬람교의 신비주의 철학은, 기독교와 이슬람교가 내용상 매우 밀접한 관계를 맺고 있는 것처럼 기독교 신비주의 철학과 가장 많은 유사성을 내포하고 있다.

보통 현대적인 의미에서 종교의 특징을 말하자면 교리, 의식, 신자, 절대자(또는 절대 경지) 및 공적인 인정이라고 할 수 있다. 그러나 종교적 신비주의는 특정한 종교의 테두리를 벗어나지 않으면서도 앞에서 말한 종교의 다섯 가지 특징을 벗어나 독자적인 성격을 지닌다. 더욱이 종교적 신비주의는 철학적 신비주의와 결합함으로써 종교적 신비주의 철학의 형태를 가진다. 이런 경향을 가장 대표적으로 나타내는 것이 기독교의 신비주의 철학이다.

기독교 신비주의 철학의 시발점은 플로티노스와 오리게네스이며 그 중에서도 특히 플로티노스의 신비주의 철학으로부터 커다란 영향을 받았다. 사실 정통 기독교는 절대자인 신과 유한자인 인간 사이에 뛰어넘을 수 없는 틈을 설정하기 때문에 신과 인간의 합일을 꾀하는 순수한 기독교 신비주의 철학은 기독교 사상사에 있어서 대부분 이단으로 취급되었다. 정통 기독교는 단지 계시를 받는다든가 아니면 기도와 명상을 통해 앞으로 올 구원의 징후를 발견하는 방법만을 신비주의로부터 빌어 와서 이용했을 뿐이고 기독교 신비주의 철학 자체는 인정하려고 하지 않았다. 왜냐하면 기독교 신비주의 철학의 궁극 목적은 어디까지나 신인합일(神人合一)에 있기 때문이다.

오리게네스를 위시해 그 이후의 위 디오니시우스, 에리우게나, 보나벤투라, 베르나르, 에크하르트, 쿠자누스 등의 기독교 신비주의 철학의 특징은 지성을 초월해 직접 신과 합일하는 신인합일에 있다. 물론

이들 각자의 사상에는 방법적인 차이가 있고 주장의 강약이 있기는 하나 신성에 대한 신비적 체험이 가장 우선적이다.

그러므로 기독교 신비주의 철학은 무한자와 유한자, 곧 신과 인간의 이원론을 거부하고 신인합일의 일원론을 주장하며, 합리적 사고방식을 배격하고 시적(詩的)이고 정적(情的)이며 비합리적인 태도에 의해 직관적으로 신과 합일하려고 하므로 정통적인 교리, 절대자, 신자, 공적 인정, 의식 등과는 거리를 가지게 된다. 그런데도 기독교 신비주의 철학은 기독교의 근본적인 교리인 삼위일체, 은총설, 종말론 등을 가능한 충실히 따르면서 신과 합일하려는 노력을 보인다.

생각해 볼 문제

❶ 현재 우리나라의 종교는 여러 가지 부정적인 측면을 안고 있다. 그런 현상에 관해 서로의 솔직한 느낌을 이야기해 보자.

❷ 종교의 부정적인 측면이 왜 생겼는지에 관해 말해 보자.

❸ 눈에 보이는 현상이 세계의 모든 것인지, 아니면 현상의 근원으로서 눈에 보이지 않는 것이 과연 있는지에 관해 대화를 나누어 보자.

❹ 고대 희랍이나 중국 그리고 인도 등지에서 세계의 근원을 무엇으로 보았는지 이야기해 보자. 그리고 왜 그런 생각이 나타날 수 있었는지도 살펴보자.

❺ 우리나라의 종교의 역사를 살펴보면 지배적인 종교는 대체로 불교에서 유교로 그리고 유교에서 기독교로 바뀌어 온 경향이 있다. 그런 변화는 어떤 이유 때문인지, 또한 그와 같은 변화는 바람직한 것인지에 관해 토론해 보자.

❻ 나는 무신론자인지 아니면 유신론자인지에 관해 근거 있는 답을 찾아보자.

7 대표적인 무신론자와 유신론자를 열거해 보고 그들의 주장의
핵심이 어떤 것인지를 살펴보자.

8 원시종교와 형태에는 어떤 것들이 있는지 그리고 그것들은 계
시종교와 어떤 점에서 근본적으로 다른지에 관해 말해 보자.

청소년을 위한 철학 에세이

제1판 1쇄 1988년 10월 10일
제1판 22쇄 2001년 1월 10일
제2판 1쇄 2001년 9월 20일
제2판 7쇄 2006년 9월 15일
제3판 1쇄 2009년 2월 25일
제3판 5쇄 2011년 5월 30일
제4판 1쇄 2013년 3월 20일
제4판 10쇄 2026년 3월 10일

지은이 | 강영계
펴낸이 | 송영석
펴낸곳 | (株)해냄출판사
등록번호 | 제10-229호
등록일자 | 1988년 5월 11일(설립일자 | 1983년 6월 24일)

04042 서울시 마포구 잔다리로 30 해냄빌딩 5·6층
대표전화 | 326-1600 **팩스** | 326-1624
홈페이지 | www.hainaim.com

ISBN 978-89-6574-374-3

파본은 본사나 구입하신 서점에서 교환하여 드립니다.